# 体育理论发展及实践研究

张　莉◎著

吉林出版集团股份有限公司

图书在版编目（CIP）数据

体育理论发展及实践研究 / 张莉著. -- 长春 : 吉林出版集团股份有限公司，2024.2
ISBN 978-7-5731-4628-1

Ⅰ. ①体… Ⅱ. ①张… Ⅲ. ①体育教学—教学研究 Ⅳ. ①G807.4

中国国家版本馆 CIP 数据核字（2024）第 049783 号

# 体育理论发展及实践研究

TIYU LILUN FAZHAN JI SHIJIAN YANJIU

著　　者　张　莉
出版策划　崔文辉
责任编辑　侯　帅
封面设计　文　一
出　　版　吉林出版集团股份有限公司
　　　　　（长春市福祉大路 5788 号，邮政编码：130118）
发　　行　吉林出版集团译文图书经营有限公司
　　　　　（http：//shop34896900.taobao.com）
电　　话　总编办：0431-81629909　营销部：0431-81629880/81629900
印　　刷　廊坊市广阳区九洲印刷厂
开　　本　710mm×1000mm　1/16
字　　数　216 千字
印　　张　13.25
版　　次　2024 年 2 月第 1 版
印　　次　2024 年 2 月第 1 次印刷
书　　号　ISBN 978-7-5731-4628-1
定　　价　78.00 元

如发现印装质量问题，影响阅读，请与印刷厂联系调换。电话：0316-2803040

# 前　言

大学生是最富有活力的社会群体之一，是未来社会的栋梁，然而生活富裕了、知识丰富了、体质却下降了、健康意识也淡薄了。这一方面体现在身体素质持续下降，肥胖、近视患者的增多，心理承受力、意志与毅力的下降，团结拼搏、和谐合作、克服困难的勇气与胆识的不足；另一方面文明健康的生活方式远未建立，时尚科学的健康理念和自觉参与健身的氛围尚未形成。教育是立国之本，是提高整体国民素质的根本，大学体育作为高等教育和青少年体育的重要组成部分，在增进学生身心健康、提高全面综合素质方面具有着不可替代的作用和责无旁贷的历史使命。

健康是生命永恒的主题。体育与健康教育是学校教育的重要组成部分，体育与健康的迅速发展，已成为我国学校教育不可或缺的内容之一。越来越多的人认识到，经常且有规律地进行运动对保持健康体质、达到良好状态是十分重要的。当然，有规律地进行运动只是众多增进健康生活和提高生活质量的生活方式中的一种。体育教学是学校体育的中心内容，开展体育教学不仅是为了提高学生的体质，更是为了促进学生的全面发展。

大学体育是高等教育的重要组成部分，是培养学生全面发展的重要内容，是造就一代有竞争力、创造力、高素质人才的有效途径，是提高学生健康水平、为“健康工作五十年，幸福生活一辈子”奠定坚实良好的身心基础的平台。

由于笔者水平有限，本书难免存在不妥甚至谬误之处，敬请广大学界同人与读者朋友批评指正。

# 目　录

# 第一章　体育与健康

## 第一节　体育促进健康

### 一、体育锻炼对新陈代谢的影响

体育锻炼消耗热量，可以提升体脂的代谢过程，消耗脂肪并避免失去肌肉组织，使血液中胆固醇含量降低，帮助保持理想的体重和脂肪百分比，有利于保持更健美、更健康的体态。健身训练可提高机体消耗脂肪的能力，而将脂肪转化为能量的能力的提高，与防止动脉粥样硬化和冠状动脉疾病及心脏病紧密相关。

### 二、体育锻炼对运动系统的影响

体育锻炼时骨的血液供给得到改善，骨的形态结构和性能发生良好的改变，使骨变得更加粗壮和坚固，从而提高了骨的抗折、抗弯、抗压缩和抗扭转等方面的能力。

体育锻炼既可以增强关节的稳固性，又可提高关节的灵活性；可使肌纤维变粗、肌肉体积增大，因而肌肉显得发达、结实、健壮、匀称有力；使肌肉组织的化学成分发生变化，如肌肉中的肌糖原、肌球蛋白、肌动蛋白和肌红蛋白等含量都有所增加，从而促进肌肉内氧储备量的增加；体育锻炼有助于增强肌肉的耐力，使肌纤维内的线粒体的大小和数量成倍增加，还会使肌肉中的毛细血管大量开放，增加肌肉的血液供应量。

### 三、体育锻炼对心血管系统的影响

体育锻炼对心血管的形态结构和机能都会产生不同程度的积极影响。

长期体育锻炼可以提高心脏肌肉的收缩能力，使心肌纤维增粗、心壁增厚、心脏增大，并以左心室增大为主，从而增加心输出量，使心脏能以较低心率来满足锻炼的需要；体育锻炼还可以使安静时脉搏徐缓、血压降低，使心脏收缩后有较长的休息时间，为心脏功能提供储备力量；影响血管的结构，改变血管在器官内的分布；可增强血液中抗凝血系统的功能，降低血中尿酸含量，预防血小板的聚集，以免发生血管栓塞；适量的体育锻炼可以增加血液的溶氧量和机体碱储备，增强血液的缓冲性。

## 四、体育锻炼对呼吸系统的影响

体育锻炼能提高呼吸机能，主要表现为呼吸肌发达，收缩力增强，最大通气量和肺活量增大，呼吸差增大。长期坚持锻炼，负氧债最大，对缺氧耐受力强，对氧的吸收利用率也较高，调节呼吸的节奏和形式的能力也较强。

## 五、体育锻炼对胃肠系统的影响

体育锻炼能使胃肠的蠕动增强，消化液的分泌增多，改善肝脏、胰腺的功能，因而使消化和吸收的能力增强，为人的健康和长寿提供良好的物质保障。

## 六、体育锻炼对人体中枢神经系统的影响

体育锻炼可以改善和提高中枢神经系统的工作能力，使中枢神经及其主导部分——大脑皮质的兴奋性增强、抑制加深，使得兴奋和抑制更加集中，从而改善神经系统的均衡性和灵活性，提高大脑分析和综合的能力，增强机体适应变化能力和工作能力。

## 七、体育锻炼对提高人体免疫能力的影响

适度运动能力会对机体免疫功能产生良好的作用，这是由于运动可作为引起免疫系统应答性反应的刺激源，直接刺激机体的免疫系统。免疫系统通过其复杂的识别系统感受运动时体内环境的变化，进而激发一系列免疫反应，维持机体内环境新的稳定。经常参加体育活动的人能对免疫系统产生持久的作用，从而增强机体免疫功能。

### 八、体育锻炼对心理健康的影响

体育锻炼有助于非认知因素的发展，即可增强人的自信心、责任感、荣誉感和集体主义精神，培养坚持性、果断性、自制力、独立性等个性品质，树立悦纳自己的态度；可以健全情绪生活，减轻心理压力；有助于创建良好的人际关系；能陶冶美好情操，使人产生充实感、美感和满足感。

## 第二节　体能的分类与体育的功能

体能也叫体适能，主要通过体育锻炼而获得。保持良好的体能可以使我们的身体更健康、精力更旺盛、生活更美好、寿命得以延长、生命更有价值。

### 一、体能的分类

体能分为两类：与健康有关的体能和与动作机能有关的体能。前者包括心肺耐力、柔韧性、肌肉力量、肌肉耐力、身体成分等，后者是指从事运动所需的速度、力量、灵敏性、协调性、平衡性和反应时等。

#### （一）与健康有关的体能

1. 心肺耐力

心肺耐力指一个人持续身体活动的能力，心肺和血管的功能对于分配氧和营养物、清除体内垃圾具有重要的作用，尤其是在进行有一定强度的活动时，良好的心肺功能则显得更加重要。

2. 柔韧性

柔韧性是指身体各关节的活动幅度以及髋关节的肌肉、肌腱、韧带、皮肤和其他组织的弹性与伸展能力，可以通过经常性的身体练习而促进提高。

3. 肌肉力量

肌肉力量是一块肌肉或肌肉群竭尽全力从事抵抗阻力的活动能力，所有的身体活动均需要使用力量。肌肉强壮有助于预防关节的扭伤、肌肉的疼痛。

4. 肌肉耐力

肌肉耐力指一块肌肉或肌肉群在一段时间内重复进行肌肉收缩的能力，与肌肉力量密切相关。

5. 身体成分

身体成分包括肌肉、骨骼、脂肪和其他。

### （二）与动作技能有关的体能

1. 速度

速度指快速移动的能力，即在最短的时间内移动一定的距离。在许多竞技运动项目中，速度对于个体取得优异成绩至关重要。

2. 力量

力量指短时间内克服阻力的能力。举重、投铅球、掷标枪等项目均能显示一个人的力量大小。

3. 灵敏性

灵敏性是指在活动过程中，既快速又准确地变化身体移动方向的能力。灵敏性在很大程度上依赖于神经肌肉的协调性和反应时间，可以通过提高这两方面的能力来增强人的灵敏性。

4. 协调性

神经肌肉协调性主要反映一个人的视觉、听觉和平衡觉与熟练的动作技能相结合的能力。在球类运动中，这种能力显得尤为重要。

5. 平衡性

平衡指当运动时或静止时保持身体稳定性的能力。滑冰、滑雪、体操、舞蹈等运动项目对于提高平衡能力很有帮助，闭目单足练习站立也有相当好的效果。

6. 反应时

反应时是指对某些外部刺激做出生理反应的时间。反应速度快是许多优秀运动员的特征，尤其是在短跑的起跑阶段，反应时的作用更大。

## 二、体育的功能

### （一）体育的教育功能

1. 发育完善身心

通过参加系统的、科学的体育锻炼，可以改善人体机能，提高工作能力，增强身心健康。经常在有序的一定规则制约下的竞赛活动、游戏活动中为达到一个规定的目标和体育的目标，则要充分调动身心两方面的知识、能力和经验来完成这一目标任务。

2. 适应环境

依据优胜劣汰、适者生存的原则，人们都要面对一个实实在在的生存环境。生存环境分自然的和社会的两种，人生面对这两种环境有一个生存、改造、适应的过程，在这个过程中人必须学会和具备生存的知识、能力和经验，体育正是能帮助人们适应生活环境的一种教育途径。在未来高度竞争的社会里，人的适应能力应该是全面的、多方位的、身体的、心理的、社会的，自然科学文化知识、人文社会科学文化知识、精神道德素养知识，缺其一而无法面对未来的生活，亦无法获得真正的幸福。

3. 改变人的形象，净化心灵

体育教育活动的不断强化发展，可以引起人的行为、思想的巨大变化。人类的体育活动有规范性、有序性、合理性、思想性、社会性的特征和特点，凡是符合以上特征的就会被人类加以广泛使用和发展，反之则被淘汰或抑制。这样通过体育教育活动使每个人的行为日渐符合道德准则和社会规范的这一要求，从而引起心灵的震荡和愉悦，养成行仁义出于本心、施恩德却不望回报的良好品格和崇高的人生境界。

### （二）体育的健身、乐群、美育功能

体育的健身功能是体育的本质特征，是本质功能。娱乐功能是在本质特征的基础上派生的功能。学校体育能有效地促进学生身体的正常生长发育，增进健康，增强体质，形成正确的行、立、坐、卧的姿势，塑造健美的体态，掌握各种基本的活动技能和提升活动能力及对自然、社会的适应能力，对疾病的抵抗能力。体育的一个重要目标正是要教会人们合理有效利用、保护和促进身体发展，它是一种利用身体而又能完善身体的活动过程。

体育的乐群功能。在所有使人社会化过程的实践活动中，体育是加速促进人的这一过程最好的手段和教育。从婴幼儿的活动游戏到小、中、大学阶段的体育课及一切体育生活，无疑对促进人的社会化产生了特殊作用。通过一系列有序、系统、有组织、规范性的体育课和身体活动，培养人的群体意识、群体认同、集体主义精神、社会责任感、遵守规则和公平竞争等道德观念和行为规范，我们要充分挖掘和利用体育的这一功能，使其发挥更大的作用。

体育的美育功能是体育的又一重要功能，有体育的行为，就有美的存在。学校体育不但传授学生体育的知识、技术、技能，并且更重要的是通过体育活动感受动作美，培养审美的情趣，提高审美的意识。同时学校体育其丰富

的内容和独特的形式，进一步培养了学生的形态美、动作美、姿态美、仪表美和心灵美。

### （三）培养竞争意识的功能

生存竞争是生物的本能，亦是地球上一切生物的存在法则。人类是生活在地球上的一个生物群体，其生存发展离不开竞争，大到与自然的竞争与其他生物竞争，小到人类自身的竞争，人无一刻不是在竞争中寻求发展自己和超越自己的。体育竞赛如同社会的一个缩影，人们在运动场这个特殊的环境里，经过体育竞赛所培养的良好的意志品质、人格行为，可以迁移到以后的日常社会生活的行为模式中去，并被社会所接受和认可。胜不骄、败不馁，顽强拼搏、发奋向上，是对运动员的要求和必备的要素，但这些绝不是运动员所独有的品质，而是每个社会成员都应具备的。人类现代社会提倡的公平竞争，运动竞赛场上正是培养人们养成竞争意识的最佳场所和途径，人们在运动竞赛中，通过奋力拼搏和利用各种因素或合理的手段来夺取优异成绩和金牌，但这绝不是目的，真正的目的是通过这一竞争手段达到教育人类不断完善自我和超越自我这样一个最终结果，其意义则远胜于夺取金牌。

# 第三节　体能的自我评价

## 一、心肺功能的评价

### （一）12 分钟跑测试

12 分钟跑测试是当前国内外最简单的评价心肺功能适应能力的方法之一。

测试最好是在 400 米的跑道上进行。测试前要充分做好准备活动，在跑的过程中尽量做到快跑，如感到呼吸困难，应减慢速度，及时调整呼吸。但在开始和结束时，应避免全速跑和冲刺跑。

### （二）台阶实验

台阶实验是男生用 40 厘米台阶（或凳子）、女生用 35 厘米台阶（或凳子）做踏台上、下运动。

## 二、肌肉力量评价

肌肉力量耐力素质是完成一切日常生活活动、体力劳动和体育活动的基础，是健康体适能的重要内容之一。

一次重复最大量测试（1RM），旨在测验选定了肌肉群的力量，测试方法如下。

先做 5 ~ 10 分钟有关肌肉群的准备活动，然后选择毫不费力举起的重量进行练习，并逐渐增加重量直到只能举起一次。真正的 1RM 测试是测一次能够举起的最大量。

计算测试成绩的方法是 1RM 重量除以体重再乘以 100，即为肌肉力量。

## 三、肌肉耐力评价

### （一）1 分钟俯卧撑测试

1 分钟俯卧撑测试是测量男学生肌肉耐力的简单方法。

测试方法：身体呈俯卧姿势，两手撑地，手指向前，两手间距与肩同宽，两腿向后伸直，用脚尖撑地，然后屈臂使身体平直下降，使肩与肘接近同一平面，躯干、臂部与下肢要挺直。使胸部离地 2.5 ~ 5.0 厘米，撑起恢复到预备姿势为完成一次。

### （二）仰卧起坐测试

仰卧起坐是主要测试腹部肌肉力量的简单方法。

测试方法：仰卧于垫上，两腿稍分开，屈膝成 90° ，两臂伸直，在指尖处贴一胶带，靠近脚的方向再贴一条平行于第一条的胶带（间距为 8 厘米）。仰卧起坐就是抬起上体使指间触到第二条胶带，再返回原来的位置。

仰卧起坐没有时间限制，但要在一个较慢的、每分钟 20 个动作的节奏下完成，这个节奏由每分钟 40 次敲击的节拍器引导（身体起身时一次敲击，下落时紧接着一次敲击）。请尽量达到 75 次目标。

### （三）1 分钟仰卧起坐

1. 测试方法

一分钟仰卧起坐采用软垫、秒表进行测试，测试应在平坦、整洁的场地进行，地质不限。

受试者仰卧于软垫上，两腿稍分开，屈膝呈 90°，两手手指交叉贴于脑后。同伴按压其踝关节，以固定下肢。

测试人员发出“开始”口令的同时开表计时，记录 1 分钟内受试者完成次数。

受试者坐起时，两肘触及或超过双膝为完成一次。

一分钟到时，受试者虽已坐起但肘关节未触及双膝者不计该次数。

记录受试者一分钟完成的次数，精确到个位。

2. 测试标准

结合《国家学生体质健康标准》，男生女生仰卧起坐达标成绩标准不同。

男生：

优秀：45 ~ 51，良好：39 ~ 45，及格：19 ~ 37，不及格：17 以下；

其中 19 个合格，39 个 80 分，40 以上的优秀，49 个 100 分。

女生：

优秀：45 ~ 49，良好：39 ~ 45，及格：19 ~ 37，不及格：17 以下；

其中 19 个合格，39 个 80 分，40 以上的优秀，49 个 100 分。

## 四、柔韧性评价

### （一）肩部柔韧性测试

肩部柔韧性测试评价的是肩关节的活动范围。

测试方法：站直后，举起右手，前臂向体后下方弯曲，并尽力向下伸直，同时用左手在体后去触及右手，尽可能地使两手手指重叠。完成右手在上的测试后，以相反的方向进行测试（取左手在上）。一般总是一侧的柔韧性要好于另一侧。

两手手指所重叠的距离就是肩部柔韧性测试的得分（单位为厘米）。测量手指重叠的距离应取近似值，比如某一重叠距离为 1.9 厘米，应记为 2.5 厘米；如果两手手指不能重叠，得分应记为 –2.5 厘米；如果两手手指刚好碰到，得分应为 0。

### （二）坐位体前屈

1. 测试方法

受试者两腿伸直，两脚平蹬测试纵板坐在平地上，两脚分开约 10 ~ 15 厘米，上体前屈，两臂向前伸直，用两手中指尖逐步向前推动游标，直到不能前推为止。测试计的脚蹬纵板内沿平面为 0 点，向内为负值，向前为正值。记录以厘米为单位，保留一位小数，测试两次，取最好成绩。

2. 测试标准

男生评分标准：16.1 及以上：优秀；9.5 ~ 15.3：良 好；1.2 ~ 8.5：及格；0.5 及以下：不及格。

女生评分标准：16.7 及以上：优秀 ；10.2 ~ 15.9：良好；2.2 ~ 9.2：及格；1.6 及以下：不及格。

## 五、身体成分评价

### （一）腰围—臀围比例测试

测量腰围—臀围比例的步骤如下。

1. 测量工具为无弹性的卷尺。站立时不要穿宽大的衣服，否则会使测量结果产生偏差。测量时，卷尺紧贴在皮肤上，但不能陷入皮肤，测量数值应精确到毫米。

2. 测量腰围时，把卷尺放置在肚脐水平处，并在呼气结束时测量。

3. 测量臀围时，把卷尺放在臀部的最大周长处。

4. 完成测量后，用腰围除以臀围，得出腰围—臀围比例，查表评定腰围—臀围比例的等级。

### （二）体重指数（Body mass index，BMI）测试

体重指数测试是近年来一种国际流行的标准体重测定法。体重指数也叫凯特莱指数，不受性别和身材的影响，可作为衡量人体肥胖的标准。

计算公式：体重指数＝实际体重（千克）/ 身高（米）的平方。

评定标准：世界卫生组织发布的亚太地区 BMI 评价标准是：18.5 以下为偏瘦；18.5 ~ 22.9 为正常体重；23 ~ 24.9 属于超重；25 ~ 29.9 为一度肥胖；大于或等于 30 为二度肥胖。

# 第四节　锻炼计划的制订与锻炼方法的选择

## 一、锻炼计划的制订

锻炼计划应结合个人的需要。锻炼计划一般应包含评估健康与体能现状、确定锻炼目标、选择锻炼模式、措施与要求这四部分。

### （一）评估健康与体能现状

首先应该评估自己的健康与体能状况，依据上文所述的评价、测试标准，确认自己所属的层次。

### （二）确定锻炼目标

应遵循几点建议：设置目标要有针对性，必须是现实的，包括短期目标和长期目标。制定总的锻炼目标还要有起始阶段目标、渐进阶段目标和维持阶段目标。

### （三）选择锻炼模式

锻炼模式包括锻炼方式、频率、强度的持续时间等。

锻炼方式指个体从事某种专门性的身体练习活动，每一位参加体育锻炼的人要选择适合自己的运动项目作为锻炼的方式。如为了增进心肺功能，可以选择健身跑、健身操、游泳等。

锻炼频率指每周的锻炼次数，为提高健康和体能水平，每周应保持一定的锻炼次数，一般来讲每周应锻炼 3 ~ 5 次。

运动强度是指锻炼时人体承受的生理负荷量。运动强度应根据锻炼者自身健康和体能状况以及所进行的不同运动类型来确定，同时随着锻炼水平的提高，运动强度应当有所变化。

锻炼持续时间是指每次锻炼用在主要锻炼内容上的总时间。锻炼持续时间不包括准备活动和整理活动时间。研究表明，如果要有效地提高健康与体能水平，每次锻炼时间至少需要 20 ~ 30 分钟（每周至少锻炼 3 次）。将锻炼过程划分 3 个阶段，即起始阶段、渐进阶段、保持阶段。各个阶段应合理安排锻炼的强度、频率和持续时间。

### （四）措施和要求

措施与要求主要是指保证锻炼计划顺利实施的措施与锻炼安全告诫。

## 二、提高心肺功能适应水平的方法

心血管循环系统的机能可以说是身体健康素质中最重要的组成要素，直接影响到人们的工作和学习效率、生活质量及寿命长短。有氧运动能有效提高心血管功能适应水平，降低患心血管疾病的概率。

### （一）有氧运动的有效方法

1. 综合练习

综合练习是指由几种不同的锻炼内容组成的锻炼方法，如第一天跑步，第二天骑自行车，第三天游泳。其优点就是避免日复一日进行同一种练习的枯燥感。

2. 持续练习

持续练习是指长时间、长距离、中等强度（约 70% 最大心率）的练习方法，也是一种最受欢迎的有氧运动锻炼方法，锻炼者一次锻炼时间可持续 30 ~ 60 分钟，能较轻松地完成活动。

3. 间歇练习

间歇练习是指重复进行强度、时间、距离和间隔时间都较固定的锻炼方法。练习持续时间各不相同，但一般为 3 ~ 5 分钟，每次练习有一定休息时间，休息时间一般稍长于练习时间。

### （二）有氧运动锻炼模式

1. 锻炼方式

常见的有氧运动锻炼方式有步行、慢跑、游泳、骑自行车、跳绳、有氧健身操等，凡是有大肌群参与的运动都可以作为有氧运动的锻炼方式。

2. 锻炼频率

一周进行 3 次有氧锻炼就可增加心肺功能适应能力，一周有氧锻炼 4 ~ 5 次，可使心肺功能取得最佳效果。

3. 运动强度

有氧运动强度接近 50% 的最大吸氧量时即可增强心肺功能适应能力。目前推荐的有氧运动强度范围为 50% ~ 80% 最大吸氧量，其对应的心率值分别为 60% ~ 85% 最大心率，所以有氧运动目标心率是 60% ~ 85% 最大心率。

学生目标心率计算如下：

最大心率＝220- 年龄

目标心率＝最大心率 ×60%- 最大心率 ×85%

4. 持续时间

持续时间是指一次有氧锻炼的总时间，一般应为 20 ~ 60 分钟（不包括准备活动和整理活动）。对水平较低的锻炼者而言，开始锻炼时增加 30 分钟的锻炼就可以提高心肺功能水平，水平较高者可能需要 40 ~ 60 分钟。低强度的锻炼时间要长于高强度锻炼时间，如以 50% 的最大吸氧量强度进行锻炼，需要 40 ~ 50 分钟才能有效提升心肺功能适应水平，而以 70% 最大吸氧量强度进行锻炼只需要 20 ~ 30 分钟锻炼时间。

5. 有氧运动锻炼过程安排

（1）起始阶段。最重要的是让机体慢慢适应运动，锻炼强度不应超过 70% 最大心率，根据不同适应水平，起始阶段可持续 2 ~ 6 周。

（2）渐进阶段。时间较长，约持续 10 ~ 20 周，在这一阶段，锻炼强度、频率和持续时间应逐渐增加，锻炼频率应达到每周 3 ~ 4 次，每次锻炼的时间不短于 30 分钟，锻炼强度应达到 70% ~ 90% 最大心率。

（3）维持阶段。锻炼者经过 16 ~ 28 周的锻炼即进入维持阶段。如果锻炼者已达到自己的锻炼目标，没有必要增加运动量。

怎样才能维持已获得的锻炼效果呢？一般来说，若运动强度和锻炼持续时间都维持在渐进阶段最后一周水平时，锻炼频率即使降至每周 2 次，心肺功能适应水平也无明显降低；若保持渐进阶段的锻炼频率和强度，锻炼持续时间可减至 20 ~ 25 分钟。反之，在锻炼频率和持续锻炼时间不变的情况下，强度降低 1 / 3 就可使心肺适应水平明显降低。

### （三）安全告诫

1. 每次锻炼前应做好准备活动。

2. 每次锻炼后应做好整理活动，整理活动至少应包括 5 分钟的小强度练习（如步行、放松、柔韧性练习等）。

3. 在运动中感觉不适或有疼痛感时应停止运动或减少运动量。

4. 每次运动时都要注意监控心率。

### （四）有氧运动锻炼计划

有氧运动锻炼计划是指导大学生有目的、有计划地进行科学锻炼的一种方法。这里我们列举了健身走、健身跑、游泳等有氧运动锻炼计划，供同学们在制订运动锻炼计划时参考。针对肥胖、超重和体质健康水平较差的同学，可以选择从健身走开始锻炼；体质健康水平较高的同学则应从健身跑开始锻炼；有条件的同学还可以选择从游泳开始锻炼。另外，我们还列举了不同体能的大学生运动处方表，有利于大学生结合个人体能状况安排有氧运动锻炼。以下为体重轻的大学生的运动处方表。

锻炼指导：①每次锻炼前做准备活动。②感觉不适时不要增加运动量。③每次锻炼都监控心率。④锻炼后要做整理活动。⑤为预防受伤，开始锻炼时最好选择冲击力小的锻炼方式，每次锻炼时间为 20 ~ 30 分钟，以后可适当延长。

## 三、肌肉力量练习

增强肌肉力量和耐力不仅可以增加肌肉体积和提高运动成绩，而且对健康有相当重要的价值，即减少脂肪、改善身体成分及塑造强壮健美的身材，有利于心血管机能的发展和提高，改善骨骼状况和推迟骨质疏松症的发生，加强关节周围肌肉的力量，防止肌肉、肌腱和韧带损伤，提升工作效率和生活质量，同时可以较好地应对日常生活中所出现的不可预测的突发事件。

### （一）发展肌肉力量、耐力的原则

1. 渐增阻力原则

渐增阻力原则指肌肉力量、耐力练习的负荷应随着力量、耐力增长而增长。

2. 专门性原则

专门性原则指提高肌肉的力量和耐力应采用不同的运动强度。大强度、重复次数少的练习（举起重物时仅能重复 4 ~ 6 次）能增加肌肉力量和体积，但不能增加肌肉耐力。采用低强度、重复次数多的练习（举起重物时能重复 15 次或者更多）可提高肌肉耐力，但肌肉力量增加不明显。

3. 系统性原则

系统性原则指根据用进废退的原理，力量练习应全年系统进行。每周进行 3 ~ 4 次力量练习，可使肌肉力量、耐力明显增长。对于大学生来讲，力量练习隔天为好，这样可以使疲劳的肌肉在 48 小时内得到完全的恢复，力量练习才能获得最佳效果。

### （二）发展肌肉力量、耐力锻炼模式

1. 最高重复次数（RM）、组数（SET）

在力量练习中常用 RM 来表示运动强度。RM 是表示能重复某一重量的最高次数，如果练习者对某一重量只能连续举起 6 次，则该重量对练习者来说是 6RM。

SET 是表示练习的组数。不同的 RM 和 SET 对发展肌肉力量、耐力的效果是不同的。不同 RM 和 SET 的力量练习对肌肉的影响也是不同的。

经过一段时间的训练后力量增加，原重量的重复次数已超过规定的次数，可考虑增加练习重量，一般按原练习重量的 10% 左右增加，但也应考虑练习者的具体情况。

2. 每组练习间隔时间

每组练习间隔时间指力量练习各组间的间隔时间，一般以肌肉能完全恢复为准。肌肉在练习后 3 ～ 5 秒时已恢复 50%，2 分钟时完全恢复。如果练习是为了增强肌肉力量，练习的间隔时间不太重要，一般在 1 ～ 2 分钟左右，如果是为了增加肌肉耐力，练习间隔时间应从 2 分钟逐渐减少到 30 秒钟。

3. 每次练习间隔时间

如果进行全身肌肉力量练习，每隔一天进行练习会获得最佳锻炼效果，这样可以使疲劳的肌肉在 48 小时内得到充分的恢复。如果每天都坚持力量练习，则应训练不同的肌群。

4. 合理安排不同肌群的练习顺序

为了确保大肌群承受适当的超量负荷及练习的安全，大肌群必须在小肌群疲劳前进行练习。典型的力量练习“311”顺序模式：大腿肌肉（股四头肌）—肩部和胸部肌肉（三角肌、胸大肌）—背肌和大腿后肌群—小腿肌—肱三头肌—腹肌—肱二头肌。

5. 注意控制力量练习时的动作速度

在进行力量练习时，动作还原阶段的速度应为主动用力阶段的动作速度的一半，这样做可以通过一次负重练习使肌肉得到二次锻炼。

6. 力量练习过程安排

一般来说，力量练习的过程分三个阶段：开始阶段、慢速增长阶段和保持阶段。

下面介绍的力量练习过程安排仅供参考。

在力量练习开始阶段，应避免举最大重量，应采用较轻的重量，如最高重复次数为 12 ～ 15 次的负荷，如果选定的重量能轻松自如完成确定的重复

次数，则可以增加重量。经过开始阶段的力量练习，如果肌肉已经适应练习动作，就可以增加重量。当肌肉力量得到增强时，可再增加重量，直到达到练习者制定的目标为止。达到目标后，每周练习 1 ~ 2 次即可保持原增长水平。若不训练，30 周后原增长水平将会完全消退。

### （三）安全告诫

1. 当用杠铃练习时，必须有同伴帮助、保护完成练习。

2. 进行负重练习时，应仔细检查设备。

3. 在进行负重练习前，应充分做好准备活动，练习后应做好放松活动。

4. 在进行负重练习时，如感到不适，应立即停止练习。

5. 在采取快速还是慢速举起重量的问题上仍存在着争议，建议学生在练习时不宜采用快速举起重量的方式。研究表明，慢速举起重量也可增加力量和肌肉体积。

6. 锻炼结束后，肌肉有酸痛僵硬感，直到下次锻炼前这种感觉仍未消失，就应停止练习，让肌肉充分恢复。

## 四、柔韧性练习

柔韧性是身体健康素质的重要组成部分，是指身体各个关节的活动幅度以及跨过关节的韧带、肌腱、肌肉、皮肤的其他组织的弹性伸展能力。经常做伸展练习可以保持肌腱、肌肉及韧带等软组织的弹性，柔韧性得到充分发展后，人体关节的活动范围将明显加大，关节灵活性也将增强。这样做动作更加协调、准确、优美，同时，在体育活动和日常生活中可以减少由于动作幅度加大、扭转过猛而产生的关节、肌肉等软组织的损伤。

### （一）发展柔韧性的练习方法

1. 主动或被动的静力性伸展法

主动或被动的静力性伸展法是一种行之有效且比较流行的伸展方法，它是缓慢地将肌肉、肌腱、韧带拉伸到有一定酸、胀和痛的感觉位置，并维持此姿势一段时间，一般认为停留 10 ~ 30 秒应该是理想时间，每种练习应连续重复 4 ~ 6 次为最好。这种方法可以较好地控制使用力量，比较安全，尤其适合于活动少和未经训练的人，它因为拉伸缓慢可避免拉伤。

2. 主动或被动的动力性伸展法

主动或被动的动力性伸展法是指有节奏、速度较快、幅度逐渐加大的多次重复一个动作的拉伸方法。主动的弹性伸展是靠自己的力量拉伸；被动的弹性伸展是靠同伴的帮助或负重等借助外力的拉伸。利用主动或被动的动力性伸展法进行练习时，所用的力量应与被拉伸的关节的可能伸展力相适应，如果大于肌肉组织的可伸展能力，肌肉或韧带就会被拉伤。在运用该方法时用力不宜过猛，幅度一定要由小到大，先做几次小幅度的预备拉伸，再逐渐加大幅度，从而避免拉伤。

### （二）发展柔韧性锻炼模式

1. 柔韧性练习强度

柔韧性练习应采用缓慢、放松、有节制和无疼痛的练习，做到“酸加”“痛停”“麻停”。只有通过适当的努力，柔韧性才会提升。随着柔韧性在锻炼过程中的提高，练习强度应逐渐加大。

2. 柔韧性练习的时间和次数

每种姿势柔韧性练习的时间和次数是逐渐增加的，应从最初的 10 秒练习时间，逐渐增加至 30 秒，每种姿势重复次数应在 3 次以上。如果是平时体育锻炼时的柔韧性练习，5 ~ 10 分钟的时间就足够了；如果是专门为了提高柔韧性的练习或运动员的训练，则练习时间必须要达到 15 ~ 30 分钟。

3. 循序渐进、持之以恒

初次练习易产生不适感，甚至酸痛感，经过一个时期的练习，疼痛感和不适应感才能消除，如果柔韧性练习停止一段时期，已获得的效果就会有所消退，因此柔韧性练习要持之以恒才能见效。

4. 柔韧性练习要全面

不论是准备活动中的伸展练习，还是专门锻炼某些关节的柔韧性练习，都要兼顾到身体各关节柔韧性全面发展，由于在身体活动中，完成动作要涉及几个相互关联的部位，甚至全身。

5. 柔韧性练习之后应结合放松练习

每次伸展练习之后，应做些相反方向的练习，使供血供能机能加强，这有助于伸展肌群的放松和恢复，如压腿后做几次屈膝下蹲动作。

### （三）安全告诫

1. 在进行较大强度肌肉伸展练习前，必须做热身活动，使身体微微出汗。

2. 肌肉伸展产生了紧绷感或感到疼痛时就应该停止练习，防止拉伤。

# 第五节　大学生自我健身

## 一、奠定终身体育基础

健身运动是指一般健康人为增进健康、增强体质而从事的身体锻炼。健身运动主要是为了发展人体内脏器官的功能，特别是心血管系统和呼吸系统的功能，以及发展力量、耐力、柔韧、灵敏和速度等运动素质，以达到提高工作、学习效率，丰富业余生活和延年益寿。健身运动一般多以有氧代谢为主，对运动量控制要求较高。大学生常采用各种运动项目，如田径、体操、球类、游泳、滑冰等。在形式上常以自我锻炼为主。

大学体育教育应发挥两个功能：一个是向学生传授特定的价值观念、知识和技术；另一个是教会学生如何学习，为自觉学习打下基础，使学生学会选择学习对象、学习机会及锻炼方法，同时要培养学生树立终身不间断学习的态度和积极性。终身体育是现代体育重要的发展方向，对学校体育的改革有着深刻的影响。寻求创建新体系所依据的原则是我国学校体育改革的当务之急，学校体育要以终身体育为主线，拓宽体育教育目标，以学生终身受益为出发点，立足现实，面向社会，着眼未来，学校体育所具有的广延性和终身性等特征日益受到人们的高度重视。学校体育不只是教会学生某些项目的运动技术，而是要着重解决学生在校期间接受的体育教育，使其终身受益。

学校体育以终身体育为主线，培养学生终身体育能力和习惯，认识到课外自觉地独立地锻炼身体比掌握系统的运动技能还要重要。在体育教学中应尽可能从促进学生健康角度考虑，选择具有较高锻炼身体价值、并能延伸到学生进入社会后适合成年人甚至老年人锻炼的教材内容，对增强体质以及实用的终身运动项目有很多，例如长跑、游泳、滑冰、轮滑、篮球、排球、足球、网球、台球、太极拳、气功、健身操、韵律操、舞蹈和爬山等。田径、体操也应在教学大纲中占一定的比例。在身体素质全面发展的基础上，要求学生真正掌握自己有兴趣、有特长的一些终身体育项目，包括相应的锻炼方法和有关的基础理论知识，达到终身受益之目的。

## 二、大学生余暇健身及练习方式

“生命在于运动。”坚持参加体育活动可以增进健康，预防疾病，促进身体的正常生长发育。对于学习压力较重的大学生，适量的身体锻炼无疑是大有好处的，不仅可以提升身体素质和身体的抗病能力，还可以做到劳逸结合，使智力水平得到充分的发挥。正确处理好体育锻炼与文化学习的关系，是大学生个体社会化成熟的重要标志。

### （一）晨练

一日之计在于晨。每天早晨起床后坚持30分钟以上的晨练是积极有效的身体锻炼方式。早操晨练的效果，主要取决于内容的选择和完成身体练习的负荷与强度。如果将早操晨练同其他形式的学习生活和余暇健身内容相结合，则更具有深远意义。

### （二）健美健身运动

大学生正处于人生最具有生命力和富有表现力的年龄阶段，丰富的审美追求和强烈的内心情感体验，使其十分崇尚人体的动作美、形态美，特别是对优秀的体操、跳水、武术、花样滑冰等项目的运动员，他们优美的舞姿，矫健的身影对大学生有很大的感染和吸引，是启发他们参与体育锻炼的原始动力，并逐步成为他们生活中不可缺少的学习内容和生活方式。

### （三）运动康复与医疗体育

医疗与矫正体育是为了治疗某些疾病或某些身体缺陷或功能有障碍的人而进行的专门的体育活动。根据学生存在的某些疾病与残疾采用体育的手段，达到治疗疾病和纠正某方面的缺陷，使其康复。但这种身体锻炼必须在医生指导下进行。简单的没有什么危险的锻炼内容，可以根据自己的实际情况自行锻炼。

### （四）格斗性体育

格斗性体育是为了提高防身自卫和抗击突变能力而进行的身体锻炼。这种锻炼对提高对抗能力和自我保护能力有一定的锻炼价值，可以应用于日常生活和军事需要，大学生在选择格斗性体育内容时应明确锻炼目的，并采取安全防护措施，以免发生意外。

格斗性体育的主要内容有擒拿、散打、推手、短兵、拳击、武术对练和军事体育中的刺杀、射击等。

# 第六节 大学生体育意识的培养

## 一、大学生自我体育意识的教育

### （一）体育意识的概念

自我体育意识，即是从自身的需要出发，结合自己的兴趣和爱好自觉自发地从事体育锻炼。体育教学中，大学生的自我体育意识乃是对自己存在的观察，即自己认识自己，包括生理状况、心理特征、运动技能及与他人的关系。奥林匹克运动会创始人顾拜旦在对体育的剖析中讲："未来的体育原则是个人的自由运动原则，个人的分散的体育锻炼。"在高校体育中，由于大学生能洞悉自己的一切，因此，也形成了自己固有的体育态度。大学生个人的自我体育意识对其学习体育、了解体育和身体锻炼有很大的推动作用，对其体育态度的转变亦能发生较大的调节作用。

### （二）大学生体育意识的分类和特点

体育意识同人的其他意识一样，都是人在实验活动、社会交往过程中形成和发展起来的，是人们同外部世界相联系的一个重要环节，它的形成和发展是为了指导人们更有效地进行具体的实践活动。因此，大学生体育意识的形成和发展与他们自身素质、文化修养、道德规范和体育基础直接相关联，而且受家庭、学校和社会等外部环境的间接影响和制约。大学生体育意识的分类主要有以下两种类型。

1. 积极参与型

这类学生参与体育活动积极主动，有浓厚的兴趣。其中一部分学生曾经是或希望成为学校运动员，喜欢参与对抗性强的体育竞赛，有着良好竞赛参与意识，将参与体育比赛作为培养社会竞争意识的手段和个体社会化形成的有力措施，另一部分学生是以娱乐健身为目的而参与体育锻炼。他们性格开朗，对体育活动感兴趣，既把体育锻炼作为丰富课余文化生活、进行休闲娱乐的手段，也把体育锻炼当成提高自己身体素质、促进身心健康以及培养社交能力和保持旺盛学习精力的有效方法。他们是具有积极参与型体育意识学生的主流。这类大学生精力旺盛、朝气蓬勃、思维敏捷、兴趣广泛，对体育的需求意识更为强烈。他们能较科学地理解体育锻炼，具有较好的体育意识，并掌握了一定的体育知识技能。通过体育锻炼，他们强健了体魄，培养了意志，养成了克服困难的能力，并缓解了紧张繁重的学习压力，为今后的工作和个体社会化的成功奠定了良好的基础。

2. 被动消极参与型

这一类学生中，可能因为怕吃苦受累，或对体育活动没有兴趣，而被动地参与体育锻炼。也有一些由于自身身体条件差，如过度肥胖和消瘦造成体质差，因先天性疾病等不便参加体育锻炼的弱势群体，他们参加体育锻炼非常被动，情绪不高，对体育锻炼的作用也缺乏足够的认识，更缺少必要的体育知识和技能。

他们可以在集体体育活动和康复训练中，逐渐培养对体育的兴趣，以及自我体育意识。

### （三）大学生体育意识的培养

首先，要清楚地认识到，健康的身体是革命的本钱，是国家、社会对全面发展综合性素质人才的要求。体育锻炼不仅对形态结构、生理功能、身体素质和适应能力有良好的影响，而且在丰富精神文化生活中也会起到不可忽视的作用。加深对体育的理解，领悟体育的真谛，是培养良好体育意识的根本途径。

其次，激发体育兴趣，是培养体育意识的重要环节，在体育教学中，教材特点的时代性、新颖性，教学内容形式的丰富多样对大学生体育意识的形成和发展具有现实作用。兴趣是大学生从事体育锻炼的驱动力，体育教学的知识性、趣味性、娱乐性可引导和激发学生的兴趣，使之养成长期参与体育锻炼的习惯，增强体育意识。

再次，高校群众性体育活动的开展，既包括竞技性强、技术高超的竞赛活动，如田径、球类等；也包括传统健身体育，如太极拳等。多样化的锻炼形式让各种身体状况的大学生都能找到适合自己特点的运动形式，从而不断提高学生认识“自我价值”的能力和自学、自练的信心，培养良好的体育意识。

## 二、自尊心、自信心对形成自我体育意识的作用

自尊心和自信心是形成自我体育意识中的两个主要成分。

### （一）自尊心的作用

自尊心就是尊重自己的人格、尊重自己的荣誉，以及维护自己尊严的自我情感体验。一个学生如果缺少自尊心，则任何批评与表扬都不会起多大作用。有了自尊心，就不会为个人目的而奉承别人，也不需要别人奉承自己。与自尊心密切相关的是羞耻心，它总是和上进心、荣誉感联系在一起。羞耻心是产生自尊心的基础，没有羞耻心的人，亦无所谓自尊心。羞耻心对人的进步与成长有很大关系，一个人如果有了缺点与错误不以为耻，反以为荣，他就无法进步。

有自尊心的学生总是争先进、争上游，有一颗不达目的不罢休的好胜心。他们不甘落后，自觉、主动遵守各项规章制度，刻苦进行体育锻炼，磨炼自己的意志，认真上好每堂体育课，完成教师布置的练习任务，努力争取好成绩。所以说，自尊心是推动人们不断上进的一种动力。有自尊心的学生受到批评会更加奋发图强，受到表扬会更加严格要求自己。在体育教学和群体竞赛中，学生的自尊心是形成自我体育意识的重要品质。学生的意见、设想和创造精神，应该受到尊重。

### （二）自信心的作用

自信心是对自己力量的充分估计，它也是形成自我体育意识的重要成分。自信心是大学生成长与成才不可缺少的一种重要的心理品质，一个学生如果很自卑，看不到自己的力量，总是认为自己不行，是很难完成体育学习任务的。久而久之会形成一种固定的心理趋势，对掌握体育技术、技能和基础知识将会带来消极的影响。苏联教育学家苏霍姆林斯基说过：“不能容许学校里总有一批学生，他们感到自己没有学好，认为自己干什么都不行。”所以，在体育课中，体育成绩较差的学生不要气馁，要树立自信心。

# 第二章　高校体育教育概述

## 第一节　高等学校体育概述

### 一、体育的概念与组成

#### （一）体育的概念

体育的本质属性是什么？概括地说，体育是人们有意识地用自身的身体运动，来增进健康、增强体质，促进人的身心发展的活动。以这一本质属性为内涵，体育的概念是：体育（广义）是指以身体练习为基本手段，为增进体质、提高运动技术水平、进行思想品德教育、丰富社会文化生活而进行的一种有意识的身体运动和社会活动，属于社会文化教育的范畴，受一定社会的政治经济的影响和制约，也一定为社会的政治经济服务。

#### （二）体育的组成

中华人民共和国成立以来，我国社会主义各项事业迅速发展，这不仅促进了学校体育的发展，而且也极大地推进了群众体育和竞技运动的迅速发展，并逐步形成了独立的体系，使社会主义体育事业在社会生活中越来越显示它的重要地位和作用。“体育”一词已不仅局限于教育范畴的狭义体育了，而是包括竞技运动和体育锻炼在内的一个总的概念体系。所以，广义体育是由狭义体育、竞技运动、体育锻炼三个基本方面组成的，狭义体育是与德育、智育、美育等相配合，增强体质，传授锻炼身体的知识、技术和技能，培养道德意志品质的一个教育过程。

## 二、体育的功能

体育的功能是指体育活动对社会进步和人类发展所产生的特殊作用和影响。随着社会生产力的快速发展，人们的生产劳动和日常生活方式也发生了根本性的变化，体力劳动减轻，对脑力劳动的要求相对提高。近年来人们的生活水平虽不断改善，但工作压力却越来越大，更多的人需要通过体育锻炼来强身健体、释放压力、娱乐身心。社会的强烈要求，极大地刺激了体育快速地向社会化深入发展，成为人类社会文化教育不可缺少的重要组成部分。体育在促进人体生长生育、挖掘和增强人的各种功能、培养人的道德品质、加强人与人的联系、繁荣和加快经济发展等方面起到重要作用。

### （一）智育功能

学校体育通过各种各样的体育活动，可以促进学生的智力发展。体育锻炼能够促进学生神经系统的发育，这为智力开发奠定了生物基础。学校体育本身是一项创造性的活动，蕴含着丰富的开发智力、培养创造力的内容，对全面培养观察能力、广泛训练记忆能力、启迪诱导想象力和提高思维能力具有重要的作用。此外，有研究表明，运动有助于开发大脑右半球的功能，对发展儿童的直觉、空间转换、形体感知等形象思维及创造力具有重要的作用。学生进行系统的锻炼，加上合理的营养，可以使大脑获得更多的养分，进而进一步提高大脑的认识思维能力和脑细胞的反应速度，使其反应敏捷，扩散思维能力增强、对事物的观察判断更加准确。学校确保学生每天一小时的体育活动时间，对学生的智力发展有着积极的作用。

### （二）德育功能

学校体育是德育的重要内容和手段，对学生的个体社会化过程和人格完善过程起着重要作用。学校体育可以培养学生的道德认识和信念，使学生的道德信念通过体育活动得到强化，并化为学生具体的道德行为。学校体育能有效地培养学生的个性和意志品质，如勇敢、顽强、对挫折和困难的承受力等，学校体育还可以培养学生的集体主义和爱国主义精神，以及责任感和荣誉感。这不仅是学校德育的重要内容，也是现代人所必备的重要素质。

### （三）美育功能

学校体育是学校美育的重要与特殊的途径，这是因为运动的过程始终伴随着美。学校体育在塑造学生身体美的同时，伴随着行为美、运动美和心灵美，四者在运动实践中得到完美的结合。体育锻炼的这种塑造健美身体的作用是非常直接的。通过体育锻炼，能使学生身体匀称、姿态优雅、动作矫健，这既是健康的标志，也是人体美的表现。运动中的形体美、动作美、协调美、节奏美以及服饰美等都将给学生以强烈的美感体验，使其得到美的享受和情感的陶冶与升华。学校体育培养学生鉴赏美、表现美和创造美的作用是独特的、具体的，有着极强的实践性，这是一般学科所无法比拟的。不用说冰上芭蕾、花样游泳、体操等在优美的旋律伴奏下进行的各项运动，就是随便一个体育动作无不是在对学生进行美的教育。

### （四）健心功能

培养学生的健康心理，是各级各类学校教育，尤其是体育教育中一个非常值得注意的问题。紧张的工作生活和学习中的竞争，对人的心理有巨大的压力和影响，一部分青少年的心理存在问题。体育教育可以培养学生乐观进取、积极向上的精神，可以使学生勇敢、坚定、果断，提高自控能力，可以协调人际关系，提高交往和协作能力。体育竞赛活动能使学生在平等条件下的竞争中，充分发挥各自的能力，不断进取。竞赛的结果，则是对学生正确对待成败观的教育，使学生能正确地面对失败与挫折，正确地认识自己，增强自信心，成为生活的强者。

### （五）健身功能

体育锻炼是增进健康、推迟衰老、延年益寿的有效方法。通过锻炼可使血液循环加快、增强心脏的功能；可以改善大脑的供血状况，消除脑力劳动后的疲劳，使头脑清醒，思维敏捷；可使呼吸肌增强，肺活量增大，肺功能提高；能使肌肉粗壮结实、丰满有力；能使骨骼坚韧，骨密度增厚，骨的抗弯、抗折能力增强；还可以提高人体的基本活动能力、对环境的适应能力和抵抗疾病的能力。如果长期坚持体育锻炼，人类的体质就会得到增强，健康水平就会不断提升。

## 三、高校体育的地位、目的和任务

### （一）体育在高校中的地位和目的

体育是学校教育的重要组成部分，是培养德、智、体、美全面发展的社会主义建设人才的一个重要方面。所以，必须重视体育，并通过体育教育学生不仅要锻炼身体，而且还要了解德智皆寄予体育，健康的体魄是学习、工作的物质基础。根据体育本身的特点与作用和我国社会主义制度的要求，高校体育的目的是：增强学生体质，提升运动技术水平，为建设社会主义服务。体育的这一目的突出体现了体育的主要作用是增强体质，也反映了我国社会主义建设对体育的要求。

### （二）高校体育的任务

1. 增进学生身体健康，增强学生体质，提高学生抵抗疾病与适应环境变化的能力，促进学生的身体全面发展

我国大学生年龄约在 17 至 22 岁，处于身体发育的后期。结合调查资料，我国城市男女青年身高均值最高年龄为 22 岁，这说明在大学阶段的学生身高仍在逐年增长。坚持体育锻炼，就能促进身体各器官、系统的正常生长发育。大学生的身体素质中，最基本的是力量和耐力。力量素质是发展其他素质的基础因素，一个人具有丰满结实的肌肉，就能保持正确的姿势和健美的体型，就能经受持久的体力劳动。所以，力量素质是人们劳动、生活和体型健美的基础。人们在日常生活和工作中，对肌肉的工作力量和耐力的要求是基本的，在体育锻炼中所发展的力量和耐力素质，可以直接转移到日常生活和学习工作之中。因此，在全面增强身体素质的同时，应着重发展力量素质和耐力素质。为了解决身体适应外界环境变化和提高免疫能力，以及对各种病毒、病菌的抵抗能力的问题，应着重利用日光、空气、水等自然因素来锻炼身体。

2. 激发学生参加体育锻炼的兴趣，使学生掌握体育卫生的基本知识和科学锻炼身体的方法，提高学生的体育文化素养与能力，培养学生良好的锻炼习惯与卫生习惯，为学生的终身体育锻炼奠定良好的基础

现代体育综合了生理、解剖、生物化学、医学、力学、哲学、心理、教育等自然科学和社会科学的知识，内容极其丰富。只有深刻认识了锻炼身体的意义和作用，才能激发锻炼身体的热情和锻炼的自觉性。人体的结构是一个复杂的整体，在大学阶段，要加深学习人体生理、解剖等方面的知识，掌握运动生理知识、运动技术和技能与锻炼身体的科学方法，并且把锻炼的自觉性和科学的锻炼方法结合起来，才能收到积极的锻炼效果，掌握了运动技术，才能形成爱好，进而养成习惯，终身受益。

3. 提高部分学生的体育运动技术水平，为国家培养优秀的体育运动后备人才

现代大学生的国际交往活动频繁，努力提高运动技术水平以适应我国大学生参加各种国际体育竞赛的需要，是高校体育的一项战略任务。世界青年

体育运动交往和比赛，不仅是身体素质和运动技术水平高低的比赛，在某种意义上也是各国的经济、科技、文化教育发展水平和民族精神面貌的比赛。组织运动队训练，提高运动技术水平，对发展我国体育运动，实现我国体育的宏伟目标有深远的意义。在高校广大青年学生中，有许多具备运动才能的体育人才，高校又具备较好的训练条件，完全有可能把我国大学生的运动成绩提高到国际先进水平，在国际体育竞赛中获得优异成绩。所以，高校应为振兴中华，为祖国争取荣誉做出更大的贡献。

4. 陶冶学生的情操，锻炼学生的意志

培养学生的爱国主义和集体主义精神，增强学生的组织纪律性，提高学生的思想品质。体育对实现党的教育目标有着重要意义，因为体育的特点，它在完成教育的使命中可发挥特殊的作用。

## 四、高等学校体育工作基本标准

为落实立德树人根本任务，加强高等学校体育工作，切实提高高校学生体质健康水平，促进学生全面发展，依据国家有关规定，教育部制定了高校体育工作基本标准。此标准适用于普通本科学校和高等职业学校的体育工作。

### （一）体育工作规划与发展

全面贯彻党的教育方针，服务立德树人根本任务，将学校体育纳入学校全面实施素质教育的各项工作，认真执行国家教育发展规划、规章制度及各项要求。创新人才培养模式，使学生掌握科学锻炼的基础知识、基本技能和有效方法，学会至少两项终身受益的体育锻炼项目，养成良好锻炼习惯。

统筹规划学校体育发展，把增强学生体质和促进学生健康作为学校教育的基本目标之一和重要工作内容，纳入学校总体发展规划，全面发挥体育在学校人才培养、科学研究、社会服务和文化传承中不可替代的作用。

设置体育工作机构，配置专职干部、教师和工作人员，并赋予其统筹开展学校体育工作的各项管理职能。实行学校领导分管负责制（或体育工作委员会制），每年至少召开一次体育工作专题会议，有针对性地解决实际问题。学校各有关部门积极协同配合，合理分工，明确人员，落实责任。

加强学校体育工作管理，在学校体育改革发展、教育美学、教研科研、竞赛活动、社会服务等各项工作领域制定规范文件，健全管理制度，加强过程检测。创建科学规范的学校体育工作评价机制，并纳入综合办学水平和教育教学质量评价体系。

### （二）课外体育活动与竞赛

将课外体育活动纳入学校教学计划，健全制度，完善机制，加强保障。面向全体学生设置多样化、可选择、有实效的锻炼项目，组织学生每周至少参加三次课外体育锻炼，切实确保学生每天一小时体育活动时间。

学校每年组织春、秋季综合性学生运动会（或体育文化节），设置学生喜闻乐见、易于参与的竞技性、健身性和民族性体育项目，参与运动会的学生达 50% 以上。经常组织校内体育比赛，支持院系、专业或班级学生开展体育竞赛和交流等活动。

注重培养学生体育特长，有效发挥体育特长生和学生体育骨干的示范作用，组建学生体育运动队，科学开展课余训练，组织学生参加教育和体育部门举办的体育竞赛。

加强校园体育文化建设，推动中华优秀体育文化传承创新。学校成立不少于 20 个学生体育社团，采取鼓励和支持措施定期开展活动，形成良好的校园体育传统和特色。开展对外体育交流与合作。通过校报、公告栏和校园网等形式，定期通报学生体育活动情况，传播健康理念。

因地制宜开展社会服务。支持体育教师适度参与国内外重大体育比赛的组织、裁判等社会实践工作。鼓励体育教师指导高校体育教学、训练和参与社区健身辅导等公益活动。支持学校师生为政府及社会举办的体育活动提供志愿服务。

### （三）基础能力建设与保障

健全学校体育保障机制，学校体育工作经费纳入学校经费预算，并与学校教育事业经费同步增长。加强学校体育活动的安全教育、伤害预防和风险管理，建立健全校园体育活动意外伤害保险制度，妥善处置伤害事件。

结合体育课教学、课外体育活动、课余训练竞赛和实施《国家学生体质健康标准》等工作需要，合理配备体育教师，体育教师的年龄、专业、学历和职称结构合理，健全体育教师职称评定、学术评价、岗位聘任和学习进修等制度。

将体育教学、课外体育活动、课余训练竞赛和实施《国家学生体质健康标准》等工作纳入教师工作量，保证体育教师与其他学科（专业）教师工作量的计算标准一致，实行同工同酬。

体育场馆、设施和器材等符合国家配备、安全和质量标准，完善配备、管理、使用等规章制度，基本满足学生参加体育锻炼的需求。定时维护体育场馆、设施，及时更新、添置易耗、易损体育器材。体育场馆、设施在课余和节假日向学生免费或优惠开放。

# 第二节 体育锻炼与体能

## 一、体育锻炼应遵循的原则

体育锻炼是增进健康、增强体质最积极、有效的方法。体育锻炼不仅能使人更加健康，还能减少精神上和情绪上的压力，提升睡眠质量，并能促进青少年形成正确的姿态，塑造体型，矫正身体的畸形发展，达到健美的作用。体育锻炼是人们达到“健身、健心、健美”效果的最佳途径。体能是指人类进行各种体育活动而必须具有相应的走、跑、爬、攀、蹬等基本能力及极限能力。身体素质是体能的重要组成部分，体育锻炼的主要目的是改善与提高人的身体素质。

### （一）正确选择锻炼方法

体育锻炼方法多种多样，目的不同，采用的方法、手段也不尽相同。有氧锻炼主要改善心血管系统、呼吸系统的功能。力量练习主要提高肌肉的工作能力。为了将动作做得更美，我们必须加强对灵敏性、协调性动作的锻炼等。

### （二）全面发展原则

体育锻炼追求的是使人体的形态、机能、各种身体素质以及心理品质等诸方面得到全面和谐的发展，人体是一个完整的有机体，各器官系统既相互影响又相互制约。局部机能的提高能促进机体其他部位机能相应得到改善。只有丰富体育锻炼的内容和方法，机体才能获得良好的整体效果。每个人应以一些功效大且有兴趣的运动项目锻炼为主辅之其他项目进行全面锻炼，这样才能达到真正全面锻炼的目的。

## 二、发展速度素质

### （一）发展速度素质的生理基础

决定反应速度的生理学基础主要表现为：感受器的敏感程度，即兴奋阈值的高低；中枢延搁；效应器的兴奋性。其中，中枢延搁又是最重要的。反射活动越复杂，历经得越多，反应也就越慢。反应速度还与中枢神经系统的灵活性与兴奋状态有紧密的关系。此外，反应速度还决定于条件反射的巩固程度。随着动作技能的日益熟练反应速度变快。动作速度的生理学基础主要表现为：肌纤维的百分比组成及其面积；肌力；肌纤维兴奋性高时，刺激强度低且作用时间短就能引起兴奋；条件反射的逐渐巩固。位移速度的生理学基础主要表现为：大脑皮层运动中枢兴奋与抑制的转换速度；肌肉中快肌纤维的百分数及其肥大程度；提高各中枢间的协调性，能增快有关动作的速度，也能加大肌肉收缩的力量。

### （二）速度素质的测试方法

速度素质有 30—60 米跑及 4—7 秒钟冲刺跑两种方法测定。30 米跑测量方法：受试者以站立式姿势起跑，听到起跑信号后即快速跑向终点。不得抢跑，犯规者重测。测验至少由两名测试者实施，一人组织发令，另一人计时和记录，测两次，取最佳成绩。4 秒冲刺跑测量方法：受试者可以用任何起跑方式，听到起跑口令后，迅速沿跑道快跑，当听到停跑哨声时，停止跑动，测验至少由两名测试者实施，一人发令兼计时，另一人则在跑道前方预等，并随受试者的远近而动，听到停跑哨音后，即记下受试者所跑的距离，测两次，以所跑的距离为成绩，取最佳成绩。除上述介绍的测验外，还可用 30 米途中跑、50 米途中跑和 6 秒钟冲刺跑来测验。

## 三、发展耐力素质

### （一）提高耐力素质的要求与方法

耐力是指人体长时间内进行肌肉活动的能力。提高持续跑能力是发展人体耐力素质的关键。从运动生理学的角度来划分，耐力又包括一般耐力、肌肉力量耐力、速度耐力和静力耐力四类。其中，一般耐力是指人体进行一般工作的抗疲劳能力，如 1500 米跑；速度耐力是指人体在不太长时间内肌肉的快速运动能力，如 400 米跑等；力量耐力是指肌肉长时间进行收缩活动的能力，如俯卧撑等；静力性耐力是指肌肉在长时间内进行静力性收缩的能力，如蹲马步等。依据耐力素质的特点，我们通常采用定量计时、定时计量和极限式三种形式来进行耐力素质的锻炼。定量计时是指受试者完成特定动作的时间作为区分优劣的测验。定时计量是指以受试者在单位时间内完成规定动作的次数来区分优劣的测验。极限式是指以受试者竭力完成规定动作或距离的测验。

### （二）发展耐力素质的生理基础

（1）从呼吸系统来说，利用深呼吸等方法能导致肺通气量增大，提高氧耐力水平。

（2）影响有氧耐力的主要因素之一是血红蛋白的数量多少。

（3）每搏输出量的大小是衡量心脏功能的好坏又一因素，也反映了有氧耐力水平。

（4）肌组织进行的有氧代谢影响肌组织利用氧的能力。

# 第三节　体育健身与大学生身体发展

## 一、体育健身与大学生身体发展

### （一）健康与身体发展

1. 健康的定义

从古到今，健康与长寿始终是人类探求的主题。受传统观念和世俗文化的影响，人们往往将健康单纯理解为“无病、无残、无伤”。健康是指一个人在身体、精神和社会等方面都处于良好的状态，健康包括两个方面的内容：一是主要脏器无疾病，身体形态发育良好，体形均匀，人体各系统具有良好的生理功能，有较强的身体活动能力和劳动能力，这是对健康最基本的要求；二是对疾病的抵抗能力较强，能够适应环境变化、各种生理刺激以及致病因素对身体的作用。传统的健康观是“无病即健康”，现代人的健康观是整体健康。世界卫生组织提出，“健康不仅是躯体没有疾病，还要具备心理健康、社会适应良好和有道德”。所以，现代人的健康内容包括：躯体健康、心理健康、道德健康、社会适应能力等。

（1）躯体健康。通常认为“躯体健康”就是人体生理健康，指人体结构的完整和生理功能正常，具有良好的健康行为和习惯。这是其他健康的基础。从外表看为“体格健壮，精力充沛”，从生理指标看即表现为常用的几个指标，如心跳、脉搏、血压、肺活量等正常。但是年龄段不同、性别不同、地域差异、民族情况以及不同职业间的差别，躯体健康的指标都会有所不同。因此，目前的躯体健康只能是粗线条的，主要参照以下两方面：

①体能是一种能满足生活需要和完成各种活动、任务的能力。主要通过体育锻炼和体力活动而获得。具备这种能力，就可以预防疾病，提高生活质量。

②智力健康是指智力正常，具备思维的认知能力，能够准确地用语言和文字表达自己的思想，描述不同的事物，并能对不同的人与事物做出分析与判断，在长期的学习和生活中，大脑始终保持活跃状态。有许多方法可以使大脑活跃、敏捷，如听课、与朋友讨论问题和阅读报刊书籍等。努力学习和勤于思考还能使人有一种成就感和满足感。

（2）心理健康。心理健康，是现代人健康不可分割的重要方面。那么，什么是人的心理健康呢？人的生理健康是有标准的，一个人的心理健康也是有标准的。不过，人的心理健康标准不及人的生理健康标准具体与客观。了解与掌握心理健康的定义对于提高与维护人们的健康有很大的意义。当人们掌握了衡量人的心理健康标准，就能以此为依据对照自己，进行心理健康的自我诊断。发现自己的心理状况某个或某几个方面与心理健康标准有一定距离，就可有针对性地加强心理锻炼，以期达到心理健康水平。如果发现自己的心理状态严重地偏离心理健康标准，就要及时地求医，以便早期诊断与早期治疗。

心理健康是指一种持续且积极发展的心理状态，在这种状态下，主体能做出良好的适应，并且充分发挥其身心潜能，心理健康教育是“新健康教育”的一个重要组成部分，它是以培养身心健康的社会公民为目的，通过运用健康管理的方法，以校园环境、功能环境的改善为主，与人文环境的改善相配合，以老师和学生为两个主体，提供科学、健康、专业的指导。“新健康教育”在学校建设了专门的健康指导室（心理咨询室），配备专业的心理咨询师，以开设心理课程和开展课外活动等方法引导学生的健康心理发展。同时，开设“亲情聊天室”，为亲情的连接打开通道，为学生们的健康成长铺就一条畅途。

心理健康是形成健全人格的重要保障。它应以一个人的整个行为以及他对整个客观世界的适应性作为观察、评估心理健康的基础，不能孤立地观察或只是重视某一方面的症状和表现。

心理健康主要包括两个方面：情绪健康和精神健康。情绪健康指应对日常生活中人际关系和环境压力的能力。情绪涉及我们对自己的感受和对他人的感受，情绪健康的主要标志是情绪的稳定性，所谓情绪稳定性是指个体适应日常生活的人际关系和环境压力的能力。生活中偶尔出现情绪高涨或情绪低落属于正常，关键是在生活的大部分时间里要保持情绪稳定。精神健康对于不同宗教、文化和国籍的人意味着不同的内容，主要包括理解生活基本目的的能力以及关心和尊重所有生命的能力，属于心理的高层次范畴。

心理健康的标准包括：有适度的安全感，有自尊心，对自我的成就有价值感。适度地自我批评，不过分夸耀自己，也不过分苛责自己。在日常生活中，具有适度的主动性，不为环境所左右。理智、现实、客观，与现实有良好的接触，能容忍生活中的挫折与打击，无过度的幻想。适度地接受个人的需要，并具有满足此种需要的能力。有自知之明，了解自己行为的动机和目的，能对自己的能力作客观的估计。能保持人格的完整与和谐，个人的价值观能适应社会的标准，对自己的工作能集中注意力。有切合实际的生活目标。具有从经验中学习的能力，能适应环境的需要改变自己。有良好的人际关系，有爱人的能力和被爱的能力。在不违背社会标准的前提下，能保持自己的个性，既不过分阿谀，也不过分寻求社会赞许，有个人独立的意见，有判断是非的标准。

（3）道德健康。道德健康主要是指不以损害他人利益来满足自己的需要和有辨别真假、善恶、荣辱、美丑等是非观念。人在社会生活中，每个人都会深深感到，一个社会的全体成员、一个团体的全体成员的道德修养，对于调整人与人之间的和谐、友好的关系，改善社会风气，促进人们的身心健康关系重大。人类的道德规范产生于人类的社会生活，一个在社会生活中遵循道德规范的人应该说这是他道德健康的体现，道德健康教育是“新健康教育”的一个重要组成部分，它以培养道德健康的社会公民为目的，通过运用系统管理的方法，以人文环境的改善为主，以校园环境、功能环境的改善相配合，运用知识教学与环境塑造相结合的方式，重视从思想上与行为上培养高尚的道德修养。“新健康教育”配备专业的老师在学校举办道德健康讲座，开展各项活动普及法律知识，让学生们通过爱自己、爱父母、爱同学、爱老师，逐步升华到爱家乡、爱祖国、爱集体，在切身行动中加强道德观念修养，养成良好的道德行为习惯，成为道德健康的人。

（4）社会适应能力。社会适应能力是指人为了在社会更好生存而进行的心理上、生理上以及行为上的各种适应性的改变，与社会达到和谐状态的一种能力。个体在遇到新情境时，一般有 3 种基本的适应方式：解决问题，改变环境，使之适合个体自身的需要；接受情境，包括个体改变自己的态度、价值观，接受和遵从新情境的社会规范和准则，主动地做出与社会相符的行为；心理防御，个体采用心理防御机制掩盖由新情境的要求和个体需要的矛盾产生的压力和焦虑。

2. 影响健康的因素

影响人类健康的因素是十分复杂的，大致可分为两大类：一类是有利于健康的因素，称为“健康促进因素”；另一类是不利于健康的因素，它是可以直接或间接地招致疾病或死亡，或可使发生疾病或死亡的可能性增加的因素，称为“健康危险因素”。世界卫生组织（WHO）提出：“健康不是基本人权，而是自我责任，现代健康观应该是学会自我医疗与自我保健。”因此，现代健康应包括健康教育、健康保护、健康促进，提倡自我保健，要求人们把注意力由偏重于治疗（并非治疗不重要）转向积极地预防和保健，由依赖医生转向由自己把握健康。

影响人体健康的因素究竟有哪些？随着医学模式和健康观的不断转变，从社会医学和预防医学的“大卫生观”出发，一般将影响人体健康的因素分为下列四大类。

（1）生物学因素。生物学因素对健康的影响包括生物性致病因素、心理因素、遗传因素三个方面。生物性致病因素是指感染到病菌病毒、螺旋体、立克次体、衣原体和支原体等病原微生物或感染寄生虫而引起的疾病。随着预防医学的发展和诊疗技术的提高，生物性因素致病概率在不断下降，治愈率在不断提高，所以其对健康的危害正在退居次要地位，而随着市场经济带来的压力增加，加上医学模式的转变，心理因素的致病作用越来越被人们所认识和重视。今后，心理性问题和精神疾病对人类健康的危害将会进一步显现。

遗传因素对健康的影响分为遗传性疾病和体质遗传两个方面。前者是指遗传缺陷性疾病，如血友病、白化病和有遗传倾向的疾病如高血压、糖尿病及某些肿瘤等；后者是指体质机能，如胖瘦等，是通过后天的营养和运动等能够加以改变的。有遗传倾向的疾病也可通过改良生活方式及行为达到预防或延缓发病年龄的目标。

（2）环境因素。环境因素是指围绕着人类空间及其直接或间接地影响人类生活的各种自然因素和社会因素之总和，人类环境强调人体与自然环境和社会环境的统一，强调健康、环境与人类发展问题不可分割。

（3）行为和生活方式因素。行为和生活方式因素指因自身不良行为和生活方式，直接或间接给健康带来的不利影响。

（4）卫生保健因素。卫生保健包括预防服务、治疗服务、康复服务等几个方面，是指促进及维护人类健康的各类医疗、卫生活动，它包括医疗机构所提供的诊断、治疗服务，也包括卫生保健机构提供的各种预防保健服务。一个国家医疗卫生服务资源的拥有、分布及利用，将对其人民的健康状况起重要的作用。

随着社会的不断发展，人们健康观的转变以及人类疾病的不断变异，人类行为和生活方式对健康的影响越来越引起人们的重视。合理、卫生的行为和生活方式将促进、维护人类的健康，而不良行为和生活方式将严重威胁人类的健康，甚至导致一系列身心疾病。

### （二）体质与身体发展

1. 体质的概念

“发展体育运动，增强人民体质”作为中国体育事业发展的方针，一直指导着我国体育事业的发展。但对于体质，体育界一直没有确切定义。直至1982 年，中国体育科学学会体育体质研究分会对体质下了一个权威定义：体质，是人体的质量，它是在遗传性和获得性基础上表现出来的人体形态结构、生理功能和心理因素的综合的、相对稳定的特征，是人体在先天遗传的基础上和后天环境的影响下，在生长、发育和衰老的过程中逐渐形成的身、心两方面相对稳定的特质，遗传是人的体质发展变化的先天条件，对一个人的体质强弱有重要影响，如机能、体形、性格等，都与遗传有关。后天因素，如环境、营养、体育锻炼等条件，也与体质强弱有紧密关系。体质在人的不同发展时期及年龄段具有明显的差异性和阶段性。不同人的体质差异表现在形态发育、生理机能、心理状态、身体素质、对环境的适应及对疾病的抵抗能力等方面。同时，在人的生命活动的各个阶段，从幼儿、儿童、青少年到中老年，体质状况不但具有某些稳定特征，而且在发展过程中表现出阶段性。

2. 体质的内容

体质通常包含身体的形态发育水平、生理功能、身体素质和运动能力、心理发育水平及适应能力 5 个方面。

（1）身体的形态发育水平，即体格、体型、姿势等。常用测试的指标主要包括身高、坐高、体重、胸围、腰围、臀围、皮褶厚度等。身高是反映人体骨骼生长发育和人体纵向高度的主要形态指标，它与体重等指标的比例关系可以反映体型特点；体重是反映人体横向生长的整体指标；胸围可以表示胸廓大小和肌肉发育状况，是人体宽度和厚度最具代表性的指标；腰围不仅可以反映体型特点，同时，保持腰围和臀围的适当比例还对成年人的健康及寿命有重要意义。

（2）生理功能，即机体新陈代谢水平及人体各器官、系统功能。测定的主要指标有脉搏（心率）、血压和肺活量等。脉搏、血压是检查人体心血管功能的简易指标；肺活量能反映肺的容积和肺的扩张能力。

（3）身体素质和运动能力，即速度、力量、耐力、灵敏、柔韧等素质和走、跑、跳、投、攀爬等运动能力。例如，50 米跑反映了速度素质，即人体快速奔跑的能力；1000 米跑反映了耐力素质，即较长时间的奔跑能力；立定跳远主要反映下肢肌肉爆发力和弹跳能力。

（4）心理发育水平，即本体的感知能力、个性、意志等。

（5）适应能力，即对内外环境的适应能力和对疾病的抵抗能力，它反映了人体在适应自然环境和社会环境中所表现出来的机体能力。

以上 5 个方面相互依存、相互影响和相互制约，决定着人们的不同体质水平。一方面，身体形态发育水平和生理功能构成了体质的基础，身体素质和运动能力、适应能力及心理发育水平是体质的外在表现。一定的形态结构和生理功能表现出某种身体素质、运动能力及心理状况。另一方面，通过提高身体素质和运动能力，使与机体相对应的生理功能和身体形态结构也会发生一系列变化，这些变化是与机体外在环境改变相适应的。同时，提高身体素质和运动能力的过程对人的心理也会产生一定影响，从而促进大学生个性、心理良性发展。

3. 优质健康的标准

（1）身体发育良好。人体的生长主要表现在身体上的变化，而发育则是指人体各器官系统在形态和机能上的变化，人体生长、发育受遗传、营养和自然生长的影响，但体育锻炼能够加速这个过程并使之更加完美。据统计，经常参加体育锻炼的青少年要比不参加体育锻炼的青少年身高高出 4—8 厘米。体形的健美主要表现为身体健壮、匀称和谐、比例协调。另外，健壮的体格还是发展体能的基础。

（2）精神状态良好，生命力旺盛。精神健康是衡量体质的一个重要方面。精神状态对身体健康有重要影响。一个人精力充沛，生命力旺盛，他的精神状态也会很好。

（3）机体适应能力较强。长期在各种条件下进行锻炼，能改善机体体温调节的机能，提高机体对自然环境的适应能力；同时由于体育运动能促进血液循环，加速新陈代谢，提高造血机能，因此就提高了对疾病的抵抗能力。因此，大学生要有意识地在各种条件下进行运动，使身体能较好地适应各种环境。

（4）体能全面发展。体能是指机体在身体活动中表现出来的能力，它的发展与提高身体机能的过程是一致的。例如，发展了耐力素质，会使心血管系统、呼吸系统和肌肉的工作持久力都得到发展，所以，身体素质好的人，身体的基本活动能力就强。教育部颁布的《国家学生体质健康标准》（2014年修订）中规定了衡量各项身体素质的标准。值得注意的是，锻炼中要注重体能的全面发展，不能偏废。

## （三）影响身体发展的基本因素

1. 遗传因素的影响

遗传是人体生长发育产生变化的主要原因，是人类和其他生物体共同具有的生物特征之一，各种生物都是通过生殖产生子代的。子代和亲代之间，在外貌、体态、性格、气质和生理机能等方面都很相似，这种现象叫遗传。遗传的物质基础是基因，基因的最主要成分是脱氧核糖核酸（DNA），正是由于亲代把具有自己特征的 DNA 传给子代才使子代获得与亲代相同的遗传性状。遗传性是生物体的一种属性，它使人体生长发育获得了物质基础，具备了人体生长发育所需的条件。关于人类遗传的研究证明，人与人之间存在着遗传素质的差异，这种现象既存在于群体之中，也表现在亲代和子代之间，是一种生物体的变异反应。世界上不存在完全相同的人体，正常子女的身高、容貌在很大程度上取决于父母，但又不完全像。同一母亲所生子女，甚至孪生兄弟也各有不同之处，如肤色、身高、体重、身体素质、运动能力、智力、气质、性格、身体的基本活动能力及寿命等方面都具有不同的遗传性。这是遗传性的变异，是生物体发展的基础。遗传和变异是生命运动中的一对矛盾，这对矛盾既对立又统一：遗传是相对的、保守的，而变异是绝对的、发展的。正因为人体有遗传性，后代才能继承前代的性状，才维持了人类相对稳定的特性。而变异能使人体产生新的适应性变化。因此，遗传和变异是人体发展变化的基本规律，也是生物进化的主要动力，有变异才会有人类的发展。

人类存在着种族和血缘的关系。遗传是大学生身体发展、变化的先天条件，遗传基因对大学生身体形态、机能、肤色、气质、性格及健康、寿命均有影响，这是由于亲代的遗传基因（DNA）或称“遗传密码”在数目上、顺序上和排列方式上的一致性向后代传递的结果。然而，亲代之间遗传基因的排列和组合也存在着变异的现象，所以子女往往跟父母有所不同。这种变异形成生物体发展进化的基础，正确地掌握遗传与变异的规律，运用优生学原理，可使亲代之间的优越因素繁殖传递，从而改善后代的先天素质。

2. 环境因素

适宜的环境可以使遗传因素得到充分的发展，还能使某些遗传方面的缺陷受到抑制和弥补。人类生活在自然环境、社会环境、家庭环境中，这些环境对人体发展起着主要作用。但是，起决定作用的应是社会环境，这个环境是人类生活的物质条件。

（1）社会环境。一个国家经济发展水平和物质文明、文化教育、医疗卫生制度等因素构成的社会环境，是决定大学生群体生长发育和体质状况的重要因素。例如，营养水平是社会物质生活条件的重要指标，长期营养不良，会导致体质水平的下降。从我国历年来对大学生体质调查情况看，合理的营养、良好的人文环境和社会制度、健全的医疗保健制度等是增强体质的有效保证和关键因素。

当今社会，人才的竞争非常激烈。这种机遇和挑战，既给大学生带来动力，也给他们造成巨大的压力，激烈的竞争，使大学生担心学业、毕业和就业，使他们产生极大的心理压力和精神负担；勤工俭学、繁忙的家教、复杂的社会工作也给他们的躯体和精神带来疲劳。

人类社会为人们提供了生存和发展的物质保障，人们如果离开这些物质条件就难以生存下去。人的知识、才能、形态、机能等只有在人类社会环境中才能形成和发展。一个国家的社会制度、环境、物质生活条件、社会的经济状况及政治、经济文化等方面，对人体的发展有很大的影响。社会经济落后，物质生活贫困，必然导致人的体质下降。长期的营养不良，会使儿童和青少年生长发育迟缓，体重减轻，青春期的增长幅度减退，造成人体免疫力降低。社会经济的发展，物质生活条件的改善，能促进人的生长发育，增强人的体质，延长人的寿命。

社会适应是每个大学生都应该具备的一项重要能力，它所表示的是个人或群体与社会环境之间的积极地互相沟通的关系，具体是指个人或群体在与社会环境相互作用的过程中通过不断调整自己的身心状态，从而使自己与社会环境相互协调、和谐。大学生的社会适应，主要是指大学生离开高校进入社会后，通过个体与社会环境的协调而达到的与社会和谐统一的状态。

（2）自然环境。人类的生存依赖于自身所处的自然环境，所以自然环境对其健康产生直接或间接的影响。自然环境是指天然形成的水、空气、土壤、阳光等生存系统，它们是人体生存的物质基础。良好的自然环境与人体维持着一种平衡关系——生态平衡，对人体健康有促进作用。但由于地理或地质等原因，有些地区的土壤或水中富含或缺少某种元素，使当地居民体内某种微量元素过多或过少，造成地方病。

如何处理好环境保护与防止污染的问题已成为当今世界各国政府和人们所关注的重要问题，各国都已采取了有关措施，如保护臭氧层、重视净化自然环境设施的建设、保护生物、保持生态平衡等。作为大学生更应加强环保意识，爱护一草一木，注意环境卫生，为营造良好的生态环境做出积极贡献。

（3）家庭环境。大学生来自社会各阶层的不同家庭，他们的身心无不打上家庭的烙印。家庭成员的人生观、世界观、价值观及他们的思想作风、生活方式、家庭经济拮据或富裕、家长漠不关心或寄予过高的期望、家庭成员关系融洽与否等因素都会给学生的身心健康带来影响。

良好的家庭环境对塑造孩子健康人格具有积极的作用和深远的影响。因此，作为合格的父母，要重视孩子的全面健康，促进健全人格的建构。

3. 心理健康因素

心理活动是受中枢神经系统支配的，它与生理活动有着不可分割的联系。因此，心理状态的好坏必然影响躯体的健康。对人体心理健康构成影响的因素主要有两种：一种是消极情绪，如焦虑、怨恨、忧郁、愤怒、恐惧、悲伤等，会给大脑皮质带来恶性刺激，出现心跳加快、血压升高、失眠、食欲减退、尿急、月经失调等症状，造成机体的抵抗能力下降，各种生理功能失调。《黄帝内经》中早就提出“怒伤肝、思伤脾、忧伤肺、恐伤肾”的医学论述，说明消极情绪会给人体的健康带来不良的影响。另一种是愉快情绪，如希望、快乐、豪爽、和悦等，愉快的情绪会给人带来安宁幸福、健康和长寿。同时，良好的情绪会通过神经系统和内分泌系统改善人体其他器官系统的活动，协调各器官系统的关系，充分调动人体的潜在能力，从而起到保护和促进人体健康的作用。心理健康的标准是一个不确定的衡量指标，心理健康的人一般具有正常的智力和逻辑思维、积极稳定的情绪、坚强的意志、良好的性格、应激反应适度、心理与行为相协调等特征。心理健康大体表现在以下几个方面。

（1）完善的自我意识。人对自身的认识和评价叫做自我意识，在心里确定“自我”的形象判断，它反映个人对自己的态度，是心理健康的重要过程。人是在个人与现实环境的相互关系中，在个人的实践活动中来认识自己的。一般正常的人对自己的认识，即关于“自我”的形象判断，是比较接近现实的，即所谓有“自知之明”。在认识自己的同时，要有相应的评价伴随着某些情绪体验，如对自己的长处和优点感到欣慰而产生的自豪感，又不至于狂妄自大；同时对自己的弱点、缺点既不回避迁就，也不感到不可容忍和自暴自弃，而是持积极的态度来对待自己。这被称作“自我接纳”。大学生在入学不久就要经历一次自我观察、自我认识、自我判断和自我评价的过程，在接受那些不可避免而又令人不安的现实过程中，在不断调整“现实我”与“理想我”的差距中得到自我观念的完善，建立起明确的自我意识。

（2）良好的人际关系。良好的人际关系是与别人交往的必要条件，也是衡量心理健康的标志。心理健康的人都有正常的交往活动，没有人天生喜欢孤独，长期的离群索居，会使人性格变态。性格孤僻者一般不愿主动与人交往，缺乏彼此间的交流，这不仅影响集体间交往的效果，更影响个人活动的积极性和学习效率。良好的人际关系的建立有赖于对自己、对他人及两者之间关系的正确认识和评价。个体在集体中能有一种稳定感和归属感，从而增强自信心和克服困难的能力。能“接纳自我”，又能“接纳别人”，才能与别人友好相处，达到人际关系的和谐，只有懂得怎样尊重别人的人才会得到别人的尊重。在现实生活中，不论是现代化大工业生产、科研或是一般社会工作都需要协同合作，良好的人际关系往往是成功的重要保证。

（3）健康的性心理。性心理的形成是人体发育成熟的重要标志之一。健康的性心理是受理智控制和调节的，是区分人类和其他动物的重要标志；是受社会环境和道德规范约束的，失去约束就是病态心理。

（4）社会适应正常。能够正视社会现实，既要进行客观观察以取得正确认识，以有效的办法应对环境中的各种困难，不退缩，又要结合环境的特点和自我意识的情况努力进行协调，或改变环境适应个体需要，改造自我适应环境。

（5）情绪健康。能够经常保持情绪稳定和心情愉快，具体包括：愉快情绪多于负性情绪，乐观开朗、富有朝气，对生活充满希望；情绪较稳定，善于控制与调节自己的情绪，既能克制自己又能合理宣泄自己的情绪；情绪的表达既符合社会的要求又符合自身的需要，在不同的时间和场合有恰如其分的情绪表达；情绪反应与环境相适应，反应的强度与引起这种情绪的情境相符合。

### （四）健身锻炼对大学生身体发展的促进作用

1. 健身锻炼促进大学生身体发展的原理

（1）身体锻炼的生物进化论机制。不言而喻，身体锻炼对人类的进化过程起着积极有效的作用。身体锻炼不仅可以使人们有目的地医治直立姿势带来的种种身体缺欠，补足生产劳动给身体造成的片面发展，补充现代生产方式和生活方式造成的运动不足，使那些处于“饥饿”状态的肌肉得到营养和活力，使人的机体能力得到扩展，而且身体锻炼可以用于人类进一步实现自己的进化，控制自己的进化和发展自己的进化。关于进化论的理论，有达尔文和拉马克两个学派，即“自然选择”和“用进废退”两种进化理论。身体锻炼与人类进化的关系在这两种理论中都可以得到合理的解释。对人类总体而言，身体锻炼提供了一种“自然选择”的方式。它为人类身体的汰劣留良、发展进化、遗传变异提供了外部条件，使人类能逐代健康地繁衍下去。对每个发育着的个体而言，由于“用进废退”的原理，身体锻炼能使个体的运动器官及辅助运动器官、工作器官和其他器官得到相应的发展，如肌肉体积、重量的增长，骨骼的增长，皮肤的加厚等。器官的用进废退是生物进化过程中的一种保护性反应，它能使生物和人有效地适应外界环境。

（2）身体锻炼的防治疾病机制。人体的生命活动过程中，机体与外界环境，体内各系统器官间的活动既对立又统一，不断地维持动态平衡进而影响健康和劳动能力，这就称为患病。

疾病的发展过程是损伤和抗损伤这一对矛盾的斗争过程。致病因子作用于机体后，一方面引起机能、代谢和形态结构上的各种病理性改变，同时引起机体对抗各种损伤的反应。疾病过程中损伤与抗损伤的对比关系决定着疾病的发展方向。如果损伤占优势，病情恶化，甚至导致死亡。相反，如果抗损伤反应占优势，则疾病就向有利于机体恢复正常功能的方向发展，直至痊愈。

2. 健身对大学生身体发展的作用

体育锻炼对青少年身心的发展具有独特的、多方面的功能，它的实际效果超出了增强体质的作用，有促进青少年身心协调发展的全面效应；它也超出了学校教育的范畴，具有广泛的社会价值；它还超出了学生时代的时间界限，具有终生的意义。

（1）健身运动能增强大学生的运动系统功能。运动系统主要由骨、软骨、关节和骨骼肌等组成，其主要功能是起支架作用、保护作用和运动作用。人体的运动系统是否强壮、坚实、完善，对人的体质强弱有重大影响。比如，骨骼和肌肉对人体起着支撑和保护作用，它不仅为内脏器官，如心、肺、肝、肾以及脑、脊髓等的健全、生长发育提供了可能，而且能保护这些器官使之不易受到外界的损伤。骨、软骨、关节、骨骼肌是人体运动器官，骨的质量，关节连接的牢固性、灵活性，肌肉收缩力量的大小和持续时间的长短等，在很大程度上决定人体的运动能力，青少年经常从事体育锻炼，能促进骨的生长，使骨骼增长、横径变粗，骨密度增大，骨重量增加。经常锻炼，也能使肌纤维变粗，肌肉横断面积加大，肌肉收缩能力和张力增强，从而不断提升肌肉的力量和耐久力。据测定，一般人的肌肉重量约占体重的 40%，而经常锻炼的运动员的肌肉重量可达体重的 45% 至 50%。体育锻炼也是调节体重的重要因素，可使其身体成分明显改变，改变程度视训练强度和时间而异。研究人员威尔士观察 34 名每天坚持锻炼的青春期女孩，发现 5 个月后其瘦体重显著增加，脂肪量相应减少，体重却变化不大。研究人员对 11 岁至 18 岁男孩进行长达 7 年的追踪观察，发现他们的运动强度不同（每周分别运动 6 小时、4 小时、2.5 小时），瘦体重增加也不同，且两者之间有显著的相关性。身高、体重、胸围是衡量青少年身体发育水平的主要指标。国内外的学者曾通过横剖面调查和追踪调查，取得了许多数据资料，发现经常坚持体育锻炼的青少年的身高、体重、胸围的增长幅度，一般高于不经常锻炼的青少年。这表明，体育锻炼对于人体的肌肉、骨骼系统的发育起着良好的促进作用。

（2）健身运动能改善大学生的神经系统功能。人体是一个整体，主要由神经系统统一控制、协调全身各器官的活动，包括思维、生理功能和行动。神经系统包括中枢神经和周围神经。中枢神经是全身的指挥中心，处于统帅地位。它由大脑、小脑、脑干和脊髓等组成。从脑和脊髓发出的周围神经分管着全身不同的功能，人体各器官系统在神经和神经体液的协调下相互制约，维持生命的正常活动。在体育锻炼时，好像只是肌肉在活动，如跑步时，从表面上看，只是腿部肌肉在收缩，双手在摆动，但此时心跳已经加快，血液流动已经加速，呼吸变得急促等，这些都是身体内环境的变化；从外环境来说，气温、场地、观众以及比赛的对手等因素，都对机体产生影响。神经系统对内外各种复杂因素引起的变化，都需要做出迅速而正确的应答，体育运动需要有一个完善的、反应敏捷的神经系统的指挥。反之，体育锻炼也增强了神经系统的指挥协调能力，能更好地适应各种环境，改善某些器官功能上的缺陷，促进并提高各组织器官向更高、更强、更完善的生理功能发展。保护和提高神经系统的指挥协调功能，最好的方法是加强锻炼。了解神经系统的功能和活动规律，能使我们对体育锻炼更富于理性认识，从而增强对身体锻炼的积极性、自觉性和目的性，做到持之以恒。

体育运动对人体的各个系统都有良好的作用，是日常生活中不可缺少的部分。在儿童、少年、青年时期，它可以促进人体的生长发育；在壮年时期，它可以使人们保持充沛的精力与体力，不至于使机体发生早衰现象；到了老年，它可以防止人体细胞过早退化，使我们的生活充满活力，有利于培养乐观的情绪。在运动时人们排除一切忧虑，这对于各个内脏器官和整个机体的新陈代谢有良好的作用。

（3）健身运动对消化系统生理功能的影响。消化系统包括消化道和消化腺两大部分。消化道从口腔、咽、食管、胃、小肠直至大肠。消化道是食物被消化、吸收及排泄的通道。消化腺包括唾液腺、肝脏、胰腺以及整个消化管壁内的许多小腺体。消化腺分泌各种消化液，将食物分解、消化，然后由消化道吸收其有用的成分，排出糟粕。

体育锻炼时，肌肉活动明显加强，需要足够的能量供应，要求消化系统加强活动，分泌更多的消化液；运动促进胃肠血液流动，有利于吸收更多的营养物质供机体利用。所以，在体育活动的影响下，胃肠功能得到了进一步加强和改善。锻炼后，身体消耗了许多能量，迫切需要得到补充，这时人们常常会有饥饿感，食欲明显增加，消化和吸收功能会明显加强。长期坚持锻炼，偏瘦的人体重会逐渐增加，肌肉会逐渐增大。对有消化不良、胃肠功能紊乱者，锻炼也会起到作用。

（4）健身运动对心理和睡眠的影响。睡眠是一种复杂的生理和行为过程。经过睡眠后，神经系统的机能可得到最大限度的恢复，高质量的睡眠可以起到调节心情、延年益寿的作用。人人都需要睡眠，人的一生大约有 1/3 的时间是在睡眠中度过的。睡眠就像水和空气一样，是人类生命活动所必需的基本生理、心理过程，是人体必不可少的。睡眠不是简单觉醒状态的终结，而是不同生理、心理现象循环往复的主动过程。人体睡眠和觉醒的交替与昼夜节律相一致，这种昼夜节律的变化是人体生物钟体系的重要功能之一。在睡眠中人的大脑仍然在活动，其身心活动仍保持一定的水平，正常的睡眠时间和节律与人体生理及心理健康关系紧密，是反映身心健康的重要标志。运动锻炼有效地改善了人体的睡眠质量，增加了人们的社会交往，增强了对生活的适应感、信心感、快乐感和道德修养，消除和减轻了抑郁、紧张、焦虑、易激惹、敌对等情绪障碍，使运动者对生活充满自信心和乐趣，进而提高了人体的身心健康水平和生活质量。

# 第三章 高校体育教育基本理论

## 第一节 体育教学的主要特征

### 一、身体参与的直接性

体育教学的根本目的是增强学生的体质，其教学本质就是通过肌肉群的运动，推动学生身体机能的发展，从而增强学生的运动技能。这就决定了体育教学这门课程需要通过反复的教授和实践，让学生掌握锻炼的方法。直观地说，就是通过肌肉的感觉将信息传递到中枢，然后经过反复的条件刺激，建立起条件反射，最终经过分析、总结，使学生达到对某种技能的理性认识，并且掌握某项体育运动的技能。因此，体育教学的特点之一就是身体参与的直接性。身体参与的直接性主要表现在两个方面：第一是教师身体参与的直接性，由于有些体育运动需要教师亲身示范，这是体育教学中最常见的一种教学方式:第二就是学生身体参与的直接性，按照教师的示范，通过亲身参与，进行反复尝试和练习。

### 二、运动知识传承的可操作性

体育运动知识指的是身体知识，这一点也是体育运动同其他学科相比最为明显的差异之处，同时也是人们对自然外部知识的追求逐渐向人体内部知识进行转移的结果，更是一种面向人类本体、人类本身与人类自我的挑战。

现阶段，教育界对于学生的主体性地位给予了肯定与重视，而这样对人类自我知识的再度追求，不仅仅对高校体育教学的特殊性进行了展示，同时还使得高校体育教学具有了传承知识的重要意义。从这个角度来讲，高校体育教学并不是传统意义的，而是对身体知识的传承，而身体知识是一种能够实现人类自身感觉真正回归的知识，并且也是科学知识的一种，只是人们没有发现与挖掘这种知识的重要性而已。可以想象的是，这类知识在未来肯定会受到人类的广泛认可、关注，并能够在人类身心健康的相关研究中被广泛应用。

## 三、教师与学生身体活动的频繁性

在高校体育教学开展的过程中，教师需要不断对运动项目的动作进行示范、指导与反馈，这主要是因为身体知识来源于身体的不断实践与操作，同时对于学生而言，也需要身体的操作和体验。如果想要学习、掌握运动技能，就需要反复地进行身体的操作和演练。因此，在体育课堂教学开展的过程中，教师和学生身体活动会比较频繁，学生不仅有身体的强烈活动，还有运动体验的欢快情绪。

## 四、学生身心合一的统一性

体育从本质上来讲，就是改造人自身的过程，注重生理机能和形态结构统一的同时，还强调身心的和谐发展。高校体育教学活动开展的过程不仅要追求体育文化的传承，还要使学生的身体改造得到一定的促进， 同时还要使学生的心理素质与社会适应能力得到强化。高校体育教学开展过程营造了许多生动的情境，这一点也是其同智育教学间的差异之处，为学生心理素质的发展与社会适应能力的提高创造了良好条件。

所以，高校体育教学过程同辩证唯物论的观点是相符的，讲究身心发展的统一性。身体发展是基础，而身体的发展支持了心理发展，同时心理的发展还能够对身体的发展起到促进作用，高校体育教学开展过程中身心合一的统一性，主要体现在以下三个方面。

（1）高校体育教学内容要注重对学生各种能力和素质的培养，注重心理与社会的适应性培养，符合社会学和心理学等方面的要求。

（2）体育教师的教学方法和教学组织必须要与学生的身心发展规律相符，在动作与休闲的反复交替过程中，使学生的健身目的得以实现。练习活动与休息在一定的范围内合理地交替进行，所以，学生的生理机能变化会以一条波浪式曲线呈现出来。

（3）体育课程教学同学生的年龄特征与心理特征也是相符的。学生的心理活动所呈现出来的曲线图像是高低起伏的，而这种生理、心理负荷的波浪式曲线变化规律，使高校体育教学的鲜明节奏性与身心统一性、和谐性得到展现。

所以，体育教师在对各种教法与组织进行安排的过程中，应该充分考虑学生的心理特征，只有这样才能够使学生的身体发展得到促进，使学生的兴趣爱好与积极性得到有效激发，进而促进高校体育教学功能的有效发挥。

## 五、体育教学过程的直观形象性

体育课程教学开展的各个过程，都对鲜明的直观形象性进行了体现。例如，对于体育教师而言，其讲解要使用有趣贴切、形象生动的语言，艺术性地加工所要传授的东西，将语言简单化，使学生加深对教学内容的感知。同时，体育教师需要应用特殊的演示形式，通过动作示范、优秀学生的示范、学生正误对比示范、人体模型、动作图示、教学模具等直观地、形象地进行展示，从而建立清晰正确的运动表象，使学生从感官上对动作进行感知。通过直观的动作演示，学生能够将得到的表象同思维密切联系在一起，更好地掌握体育知识与体育技能。

## 六、学习者身体生理负荷性

体育教学中涉及很多的运动和锻炼，这些都是通过肌肉群的运动，推动身体机能的变化。从生理角度而言，很多体育运动、活动都会牵涉到身体做功的问题，学生在参与的过程中，可以通过肌肉群的运动促进新陈代谢，增加身体的生理负荷，最终达到强身健体的作用。例如组织学生参加跑步活动，跑步结束时，学生会感觉到小腿肌肉和大腿内侧的肌肉有酸胀感，同时也会造成身体的劳累，这就说明了体育锻炼具有增加人体的身体生理负荷性的特点。除了跑步这项运动之外，跳远、篮球、足球等能够带动机体肌肉群的运动，都能对机体产生负荷，在进行体育教学的过程中，教师也可通过引导学生反复地进行体育运动的实践，完成教学任务。

## 七、体育内容的审美情感性

体育课程教学的美，最直观的表现是运动开展过程中教师与学生的人体美与运动美。通过运动塑身，教师和学生身体各部分线条的美与身体比例对称的美得以形成，并且人体运动的美也在这一运动过程中得以实现。上述这些都是外显的内容。在运动开展过程中人体的精神美也会得以实现。例如，在运动开展的过程中，需要克服生理障碍和心理障碍，使高校体育教学目标得以顺利完成，使得礼貌、谦让和谦虚等风范得到体现。

高校体育教学活动不仅展示了人体美、运动美和精神美，还使得高校体育教学内容的审美性得到体现。每个运动项目都对审美特征和美学符号进行了不同的表述，例如，球类运动项目不仅使个人的运动优势得到展示，也可兼顾到群体互助、协调和合作等人际素养；田径运动不仅使学生个人的运动才能得到表现，同时也展示了永不言败、永不服输的豪气；体操运动项目使人的技艺与灵巧得到展示等。这些内容都是前人累积的经验总结，教师加工后传授给学生，以此让学生去感知，获得身心的全面健康发展。此外，高校体育教学活动作为一种社会活动，具有一定的创造性，教师与学生共同营造的教学情境在精神上能够给人以启示，令人回味。

## 八、客观外界条件的制约性

同其他学科教学相比，高校体育教学的另外一个不同之处就是，高校体育教学效果很容易受到外界各方面的影响和实际客观情况的约束。例如，学生的性别、年龄、生理特点、心理特点、体质强弱与运动基础、体育场地、运动设施、客观气候条件等。从高校体育教学对象的层面上而言，高校体育教学应该使教育的全面性得以实现，在运动基础方面区别对待不同水平程度的学生，同时还要针对学生的性别、年龄、生理特点、心理特点与体质强弱等方面的实际情况实现区别对待。例如，在机能水平、身体形态、运动功能与运动素质等方面，男女学生也会存在明显的不同。因此，在教学选择、教学设计和教学组织等方面就应该对性别差异进行考虑。以高校体育教学环境的层面上而言，鉴于室外存在较多的影响因素，所以体育课堂教学一般会在室内开展室外教学，使学生的视野更加广阔，但同时学生的注意力也非常容易分散，如意外声响和汽车鸣笛声等的干扰。当然，也有一些不可控因素的存在，比如天气，都会干扰到高校体育教学过程。由于体育课程教学在体育场地、器材设施和客观气候条件等方面存在一定的要求，所以体育教师在制订学年高校体育教学计划、课时具体计划、选择教材内容、实施教学组织方法的时候都应该将上述影响因素纳入考虑，尽量减少各种因素的干扰性，促进高校体育教学效果与质量的提高。另外，体育教师还应该对酷暑、严寒等自然条件进行利用，使学生适应环境的能力得到培养。

# 第二节 体育教学的主要原则

无论是一般的课程教学还是体育教学，其教学原则都由几个乃至几十个构成。体育教学涉及的因素和内容较多，要归纳起来是非常困难的。一般来说，体育教学原则分为教育性原则、科学性原则、锻炼性原则三大类。

体育教学原则是对体育教学实践经验及规律的概括和总结，是实施体育教学最基本的要求，是维持体育教学最基本的因素，是判断体育教学质量的基本标准。本书主要论述与体育教学密切相关的几个常用原则。

## 一、合理安排身体活动量原则

### （一）合理安排身体活动量原则的含义和依据

体育教学的特点是身体活动或称身体运动，因此，体育教学要使学生身体所承受的运动负荷有效、合理，以达到锻炼身体、掌握体育技能的目的，这就是体育教学中合理安排身体活动量的原则。

合理安排身体活动量原则是依据体育教学的本质特点和体育教学的运动负荷规律提出来的。一般来讲，运动负荷就是学生做练习时身体所承受的生理负荷量，它由运动强度和运动量构成。运动强度就是单位时间内身体所承受的运动量的大小，运动量就是运动的内容、数量、时间等。在体育教学中，合理地安排身体活动量，使学生都能达到合适的生理负荷量，才能在锻炼中收到锻炼效果。

### （二）贯彻合理安排身体活动量原则的基本要求

（1）身体负荷量的安排要服从教学目标

一堂体育课的合理的身体活动量的安排是为实现课程教学目标而确定的，简单来讲就是要依据课程目标、课程类型来安排不同的运动负荷。

（2）要针对学生的特点安排身体活动量

在体育教学过程中，参与学习锻炼的学生存在个体差异，学生的体质不同、性别不同，则身体形态、身体机能、身体素质也不同。因此，一定要根据不同学生的特点安排运动负荷。

（3）运动负荷的调节

运动负荷由运动强度和运动量构成，要使体育教学过程中学生的身体活动量适宜，就必须结合课程目标、教学内容、教学进度、教学设计等来调整运动负荷。

调整方法无外乎调整运动强度或调整运动量两个方面。一般而言，强度大，量就小；反之，强度小，量就大，这是一般的体育教学运动负荷调整原则。在体育教学中一般对运动量进行调整，即调整练习的内容、练习的时间或练习的数量即可达到适宜要求。

## 二、促进运动技能不断提高原则

体育教学的目的是促进学生技能的提高，因此在教学的过程中要注重促进学生技能不断提高的教学原则，保证教学目的的实现，提高教学质量。

### （一）促进技能不断提高原则的含义

促进体育教学技能不断提高的原则是由体育教学的目标、社会的需求和肌体发展的需求三个因素决定的，同时也是实现体育教学终身化的基本前提和条件。

掌握体育教学的运动技能，是通过体育教学提升学生的运动能力、发展学生的运动素质、提高学生运动技能的有效途径，也是让学生体验运动的乐趣、提升体育教学质量的前提，更是判断体育教学目标是否完成、检测教师教学能力高低的标准。

### （二）贯彻促进运动技能不断提高原则的基本要求

促进学生运动技能的不断提高，是体育教学目标的重要组成部分，也是体育教学的意义所在。在制订这一教学原则的时候，应该做到以下几点。

（1）正确认识运动技能在体育学习中的重要意义

在前面关于“促进技能不断提高原则的含义”的讲述中，我们已经清楚掌握运动技能是教师教学和学生学习的目的，掌握运动技能可以锻炼学生的身体，提升学生的运动素质，促进教学质量的提高。因此，教师在教学的过程中，要注重提高学生的运动技能。

（2）明确运动技能学习的目的，有层次地掌握运动技能

体育教学要求学生掌握运动技能，就是为了丰富学生的学习生活，增强学生的身体素质，保证学生的健康成长。因此在教学的过程中，开展以“提

高运动技能”为目的的教学时，要树立“健康第一”和“终身体育”的思想。将体育教学目标根据教学任务进行分阶段的划分，有层次和分门别类地让学生掌握体育教学大纲所要求的运动技能。

（3）要钻研“学理”和“教学”，提高教学质量

要想提高教学质量，首先应该做到“知己知彼”。所以，要让学生很好地掌握体育运动技能，就必须详细地掌握运动技能的规律，特别是教学环境中的各种运动技能的特点和发展的规律。因为体育教学是一门较为复杂的学科，并且教学的时间相对有限，为了保证体育教学的效率，我们必须研究体育教学技能提高的途径和规律。

（4）要创造提高运动技能的环境和条件

任何一种技能的学习都会受到环境和条件的影响，只有在环境和条件相合适的情况下，才能最大限度地发挥教学的作用。影响这种环境和条件的因素，不仅包括教师自身的运动技能和水平、教学场地和器材的优化，还包括体育教师对学生学习氛围的营造。

## 三、在集体活动中进行集体教育原则

体育教学侧重集体性，有些活动强调以小组为单位，这有利于在活动进行过程中增强学生的团结意识，提升学生的集体荣誉感。这也是体育教学的目的之一。因此，在集体活动中要注重以下集体教育原则。

### （一）在集体活动中进行集体教育原则的含义

在集体活动中进行集体教育原则是指，在学生进行集体性的学习活动时，要注重对集体荣誉感和团结性等集体活动特性的培养，增强集体的凝聚力，使学生形成正确的集体意识，养成良好的集体行为习惯，在集体活动中进行集体教育原则依赖于组成集体的特点、集体活动的规律、集体运动的发展等。

体育教学活动主要以协同、竞争、表现为特点，这些特点主要是在集体活动形式中得到体现。再加上体育教学侧重于室外教学，受到场地、教学活动范围和教学方式的影响，体育室外教学的开展一般以小组为单位，这使得体育教学具有集体性。因此，在教学过程中要注重对学生进行集体教育的原则。

### （二）贯彻在集体活动中进行集体教育原则的基本要求

根据体育集体活动和集体组成的特点，将体育教学中贯彻在集体活动中

进行集体教育原则的要求介绍如下。

（1）分析、研究和挖掘体育教学中的集体要素

从体育教学的特点可以看出，体育教学中有很多集体性的要素，所以，在进行体育教学的过程中，要注重分析、挖掘具有集体含义的要素，如团队的意识、共同的目标、互帮互助的活动形式等。教师在进行集体教学的过程中，应将这些要素有目的、有意识地融入学生的集体活动和体育学习之中，以便促进对学生团结意识和集体荣誉感的培养。

（2）善于设立集体运动的场景

在体育教学过程中衡量教学活动是否具有集体性的依据是检测集体是否具有共同目标、是否具有共同的学习平台，由于共同的目标和学习平台是集体运动的重要组成部分。共同的学习目标是每个学生学习的动机和欲望，共同的学习平台是学习的场所和环境，能够体现集体的存在感。这两个要素能够让学生更好地凝聚在一起，互帮互助完成共同的目标。因此，教师要贯彻教学中的集体教育原则，就应该善于设立集体运动的场景，如打篮球、进行拔河比赛等。

（3）善于开发有助于集体学习的方法

要合理贯彻集体活动中进行集体教育原则的手段，就必须建立有助于集体学习的方法，这是促进教学目标实现的重要方法，组织学生进行课堂讨论、分组进行某种运动技能的比赛等，这些教学方法将为体育教学中贯彻集体教育原则提供技术上的保证。

## 第三节　高校体育教育的地位与作用

高校体育是高校教育的重要有机组成部分。它同德育、智育密不可分，都承担着为国家培养德、智、体、美、劳综合发展的高素质人才的重大责任。从全局来看，高校体育作为全民体育不可分割的一部分，为社会体育、竞技体育和终身体育奠定了基础，也因此成为我国体育事业的一个战略发展方向。所以，在综合性高素质人才培养方面，在全国体育事业繁荣昌盛方面，高校体育的作用无可替代。

### 一、高校体育与全面发展教育

全面发展教育是包括德育、智育、体育等多方面促进学生全面发展的一

种教育形式。因此，高校体育无可替代地被纳入了全面发展教育中。高校体育的功能和作用决定了它在综合性高素质人才教育中的战略地位。高校体育和高校教育二者不仅是简单的包含关系，更是实现教育目的的主要方式。

在 19 世纪，马克思首次提出了人的全面发展理论，他说："我们把教育理解为以下三种东西：第一，智育。第二，体育。第三，技术教育。"在他著名的《资本论》中，他谈道："未来教育对所有已满一定年龄的儿童来说，就是生产劳动同智育和体育相结合，他不仅是提高社会生产力的一种方法，而且是造就全面发展的人的唯一方法。"

高校体育在学校教育中的基础性、无可替代性地位，体现在它是德育和智育的物质基础，更体现在它可以加速德育、智育、美育的进步，与德育、智育、美育有着不可分割的联系。

（1）高校体育与德育

高校体育教育可以促进身体健康，心理素质提升，更可以提升道德情操。学校通过教学大纲，体育培养方案进行体育教育，体育活动开展，可以增进学生的爱国主义使命感、集体主义荣誉感和社会主义认同感，帮助学生建立关爱同学、爱护集体、帮助他人、团结友爱、比学赶超、公平竞争、坚韧不拔、拼搏奋进等优秀品质，促进学生健全的人格发展和思想道德水平的提升。

（2）体育与智育

高校体育为智力开发提供良好的物质基础，是智力增长的重要途径。人的智力发育离不开大脑作为物质基础。已有的研究表明，人的智力水平和大脑的物质结构以及人的技能状况相互间有着紧密的联系，长期坚持体育运动，能够让大脑得到源源不断的氧气和能源物质供应，大脑的神经细胞因此能快速健康生长。大脑皮层细胞活动增强，均衡性和灵活性以及综合分析能力提升，都为促进智力发展创造了良好的生理条件。人们曾对少年乒乓球运动员进行观察，发现那些从小就开始系统练习乒乓球的学员，在运动速度、应激反应能力、智商指数测试上，都明显强于其他学生。而且，通过合理科学的体育运动，还可以培养学生灵活的思维能力、丰富的想象力、对环境敏锐的感知能力、细心的观察力和综合思维判断能力等，还能促进学生用脑时思路清晰，长时间注意力集中，从而提高学习效率，事半功倍。因此，高校体育对智力发展作用重大。

（3）高校体育和美育

高校体育也是对学生进行美育的重要形式。学校开展体育活动，可以使学生身体各个部分的骨骼肌肉得到均衡协调的发展，在体育运动中培养学生的形体美、姿态美、动作美、仪表美、心灵美和高尚情操，并且能提高学生创造美、鉴赏美、表现美、感受美的能力。因此，体育能使美育对学生身心的促进作用得到充分发挥，取得美育身心的成效。

综上所述，高校体育和德育、智育、美育等密不可分，四者共同促进，协调发展。体育对学生综合素质全面发展具有重要作用，是培育新时代思想积极、品格优良、才智卓越的优秀学子最有效、最成功的手段。

学校教育的最终目标就是为社会发展进步培养优秀人才。德育和智育是重要的，德才兼备，品学兼优，既有责任感又有真才实学，才能服务人民，报效国家， 为社会主义现代化事业做出更大贡献。体育同样也是重要的。有了身体的强壮、健康，才能完成艰难繁重的学业，把对知识的渴望转化为孜孜以求的行动，最终成为社会主义事业的有用人才。所以，在学校的各项教育中，体育和智育、德育、美育等都要密切配合，一起服务于培养全能型综合高素质学生的目的。

## 二、高校体育与全民健身

高校体育对全民族体质的增强、全民族素质的提高具有重要意义。目前，全球各国都在进行综合国力的竞争，抢占新科技革命技术制高点。一国国民的体质是民族竞争力的重要组成部分。国民体质的强弱、全民族素质的高低，都关系着民族的前途和国家的命运。青少年的身体素质是一个民族身体素质水平的象征和表现。他们在学校期间正处在身体生长发育的成熟期和完善期，体育锻炼是影响学生身体生长发育与完善的重要因素。因此，做好高校体育工作，积极引导学生参加体育活动，有利于增强学生体质，促进学生身体发育成熟，还能培养他们热爱体育锻炼，养成运动习惯，提高运动技能，为终身运动、健康工作做好保障。

做好高校体育工作，能扩大我国体育锻炼人口，掀起体育社会化风潮。可见，高校体育是我国体育事业的重要组成，做好高校体育工作，学生就能得到良好的体育练习，他们将来在事业发展中，更容易脱颖而出，做出一番事业。这对全民健身运动的提倡、体育运动的全民普及、体育人口范围的扩大、体育社会化进程的推进具有极大的积极作用。

## 三、高校体育与终身体育

进入 20 世纪下半叶，社会革命和新科学技术革命大大促进了人们生产生活水平的提高。一方面，人们对身体素质要求越来越高，对愉快、文明、健康的休闲生活水准的要求也越来越高；另一方面，现代社会快节奏、高强度的工作环境也给人体健康带来了危害。为了积极应对来自社会进步的压力和挑战，终身教育、终身体育锻炼理念被人们传播开来。

显然，终身体育不仅仅是指高校体育，还包括学前体育、高校体育和学后体育整个人生周期。所有的社会成员都要接受学校教育，而学校教育是终身体育的基础，起到承前启后的作用，是终身体育的关键组成部分。

首先，高校体育要为终身体育打好体质基础。儿童和青少年处于成长的重要时期，长知识离不开长身体。高校体育必须满足学生发展的需要，尊重学生心理、身体素质特点，因材施教，有的放矢，促进学生身体苗壮成长，健康成长，高质量发展。这样有利于他们全身心投入繁重的学习思考活动中，为他们将来的人生打下坚实的身体基础。

其次，高校体育要培养学生终身体育的意识、习惯和能力。所谓的终身体育意识，通常指对终身体育的认识，只有认识到了终身体育的价值，才能自发地产生锻炼运动行为。终身体育的习惯是指在正确认识指引下，坚持体育锻炼，发展为爱好，从而成为一种好习惯， 这样就能长期坚持下去。高校体育就是一个有目的、有计划的体育教育过程。体育学科的各项知识技能和科学训练原理与方法都通过学习系统掌握，这样就能促进体质健康，培养起终身体育的意识、习惯和能力。

终身体育的能力可以理解为终身体育的本领，具备了这种能力就能更好从事终身体育锻炼。它主要包括自学、自练、自评、创造等能力。自学是指学生自主学习，主动学习陌生知识技能的能力。自练和自评能力一般是指学生在体育锻炼中能根据自身情况以及实际条件进行计划、安排、组织、实施和评估。创造能力则是指学生创造性运用所学知识解决实际问题的能力。这些能力并不是孤立的，它们构成了终身体育能力，学生对这种能力的掌握和运用，能使学生长远受益。它对学生的终身体育教育起着极为重要的作用。

# 第四章 高校体育锻炼的科学基础

## 第一节 高校体育锻炼的生物学基础

### 一、影响人体发展的生物过程

为了说明体育锻炼能增强体质、增进健康的机理，为了探索体育锻炼定性和定量的标准，也为了科学地进行体育锻炼，需要研究有关人体的科学，了解人体发展的过程和特点，探讨人体的生物属性，即作用于人体发展的各种生物运动形式，这里包括进化、遗传变异、生长发育、生理生化，以及对人体发展产生不良影响的因素——疾病。

进化过程发生在不同物种之间，如从猿到人的进化，也发生在人类的长期变化之中，如尾巴的消退、手功能的增长，进化过程常以几万年、几十万年，甚至更长的时间为一个阶段，使人类出现某些性状上的缓慢的变化。然而，每一个人都是人类进化过程中不可缺少的一个点，每个人又无时无刻不受到进化规律的支配。

遗传过程发生在亲代与子代之间的衔接关系上，它受到进化规律的左右，但以一代人为周期，较进化过程变化得快。遗传过程的累积变异可能造成人种、民族在体质上的某些进化特征。

人体的生理生化过程是生命这个耗散结构与外界进行物质、能量、信息三方面交换的基本运动形式。它是确保生命体存在的生物过程。人体生理生化所进行的新陈代谢的个体特点，取决于先天遗传素质，也受后天环境的影响，同时人体生理生化过程也通过各种酶的变化对遗传物质产生影响。这一生物过程变化十分迅速，常以小时、分钟、秒、毫秒做计算单位，而且大多生理生化的变化呈可逆的形式。

从本质上讲，正是这些过程都具有可塑性，体育锻炼才有存在的价值。

正因为体育锻炼对这些过程都具有改造功能，人们才十分重视体育锻炼在现实生活和长期进化（增强民族体质）的意义。

除了上述过程外，还有一种人体生物过程，即一种非正常的生物过程——疾病。疾病的发生对个体来说可能具有偶然性，它局限了人类的生命自由，改变和恶化了人体的各种生物过程。疾病过程与体育锻炼过程是两个十分对立的过程。体育锻炼的一个重要的目的就在于减少、抵御疾病，提高免疫功能、适应能力以及加速病后的康复。体育锻炼对各生物过程的加强是可以有效地防治疾病的。

## 二、体育锻炼的生物进化论机制

不言而喻，体育锻炼对人类的进化过程起着积极有效的作用。体育锻炼不仅可以使人们有目的地医治直立姿势带来的种种身体缺陷，弥补生产劳动给身体造成的片面发展，补充现代生产方式和生活方式造成的运动不足，使那些处于“饥饿”状态的肌肉得到营养和活力，使人的机体能力得到扩展，而且体育锻炼可以帮助人类进一步实现自己的进化，控制自己的进化和发展自己的进化。

关于进化论的理论有达尔文和拉马克两个学派，即自然选择和用进废退两种进化理论。体育锻炼与人类进化的关系在这两种理论中都可以得到合理的解释。

第一，对人类总体而言，体育锻炼是提供了一种“自然选择”的方式。它为人类身体的优胜劣汰、发展进化、遗传变异提供了外部条件，使人类能逐代健康地繁衍下去。

第二，对每个发育着的个体而言，由于“用进废退”的原理，体育锻炼能使个体的运动器官及辅助运动器官、工作器官和其他器官得到相应的发展。如肌肉体积，重量的增长，骨髓的增长，皮肤的加厚等，器官的用进废退是生物进化过程中的一种保护性反应，它能使动物和人有效地适应外界环境。

## 三、体育锻炼的人体遗传学机制

人类的进化过程是靠世代之间的遗传过程来实现的。生命的一个显著的基本特征就是自我生殖和自我复制。因为只有具备这种能力，生命才能延续。人体自我生殖和自我复制的主要方式是细胞的分裂：在分裂过程中，细胞核中出现了一种物质，叫染色体，人共有23对，染色体由脱氧核糖核酸（DNA）、核糖核酸（RNA）和蛋白质构成，DNA、RNA是联系亲代和子代之间的连接物质，而各种核酸必须和蛋白质紧紧结合在一起才能真正起到遗传物质基础的作用。

从20世纪40年代到60年代，遗传学从细胞水平发展到了分子水平，证明了DNA长链上的一个片段排列着遗传密码，通过翻译、转录等一系列过程，把各种生物性状传给了后代。

如果在向后代遗传过程中，后代体内蛋白质在合成氨基酸时顺序同亲代基本上一致，就体现了遗传性。如果在翻译、转录的过程中，DNA在数目、顺序和排列方式上发生了变化，组成了各种新的蛋白质，形成了人体形态、生理、生活、行为上的许多新的特点，就体现出了变异性，人体的变异有两种，即环境变异和遗传变异（突变）。变异是大量存在的，变异的方向是不定的。变异的存在为生物的自然选择提供了条件，为生物的进化提供了内因。

体育锻炼可以适当地调节人体遗传的过程，体育锻炼对于人体来说，就是要合理地运用环境变异和遗传变异的规律，既要在后天加强锻炼，使人在后天环境的影响下实现一些新的良好的环境变异，以增强体质、增进健康；同时也要注重父母一代的体育锻炼，提升父母的健康水平，以求将最好的遗传品质传给下一代。

人体遗传学中大量研究各种遗传性状受遗传、环境影响比例的实验证明，人在形态结构、生理机能和运动能力等方面都受到遗传和环境影响，但受影响的比例各不相同：其中形态特征所受的影响大于机能特征，如身高、坐高、四肢比例、脏器大小等在后天环境中都不易改变，而脉搏、血压、肺活量、血糖含量、心输出量则受后天环境的影响较大，有的性状在某些年龄阶段变化幅度还相当大，这就为通过体育锻炼增强体质提供了可能性。

## 四、体育锻炼的生理生化基础

人体是由物质组成的，包括现今世界上最发达、最精密能产生思维活动的物质——人的大脑都是由物质组成的。组成人体的化学元素共有62种，其中十几种是宏量元素，如碳、氢、氧、氮、硫、磷等；人体中目前已经发现了近50种微量元素，其总和还不到人体重量的0.2%。无论是宏量元素还是微量元素在人体内必须保持最适量的营养浓度，缺少时人就会丧失健康，乃至不能成活；过量时就会中毒，甚至可能造成死亡。

各种化学元素又组成了研究人体的各种层次，如大分子、细胞、器官、系统和整体。在每一个研究层次上，确保有效物质的准确构成是衡量身体发展和体质水平的重要标志，在任何层次上有害物质的侵入、有效物质的不足或过量都会使体质水平下降，甚至发生严重的病变。

人作为一个有机体，要对周围环境做出各种应答，同时要做出各种反应动作，作为一个社会的人，人还要有许多有目的有意识的主动行为，这些都需要不断地消耗大量的肌肉能量和神经能量，人在完成各种机械运动时，还要消耗热能、声能等，这些能量的摄取也是人体在进行物质代谢过程中同时实现的。

除此之外，人体还要与周围世界进行信息的交换——只有不断地交换信息，才能保持有机体的有序性，维持生命的价值。这种信息的交换也是通过人体的感觉器官、神经中枢、肌肉的生理生化功能来实现的。

总之，人体这个耗散结构在物质、能量和信息三方面与外界的交换，是有赖于人体的新陈代谢，即靠同化异化作用来实现的。

那么，人体内的新陈代谢运动具有哪些特点呢?

第一，人的有机体及其各器官和机能系统对一定的负荷刺激具有适应能力。当有机体受到一些异乎寻常的刺激，诸如创伤、剧痛、冷冻、缺氧、中毒、感染及强烈的情绪刺激时，能引起一种紧张状态，叫应激。应激总是伴有一系列的神经和体液的变化，包括交感神经兴奋，肾上腺激素分泌增加，胰岛高糖素和生长素升高，胰岛素分泌减少，如果人体经常受到这类刺激，应激的水平就会提高，人的适应能力加强，体内的能量和物质的储备增加，并处在一种容易动员的状态中。如果这些刺激是良性的，那么这种应激水平的提高是有利于健康的。体育锻炼就是运用了这个原理来增进健康的。

第二，有机体在新陈代谢过程中可以出现能量和有效物质的超量恢复。人的机体对运动负荷刺激的适应过程分为三个阶段，即负荷、恢复和超量恢复。

在负荷时，细胞结构、酶的含量会发生变化，能量化合物被消耗，物质代谢的中间产物和最终产物被堆积起来，这些都会阻碍人的机体能力的提升，形成疲劳。这就是异化过程。

而进入恢复和超量恢复阶段，人体的内环境逐渐正常化，沉积物被排除出去，能量储备得到补充，并超过原来水平，细胞和纤维增生，中枢神经的疲劳得到消除，精神上得到恢复。这就是同化过程。同化过程的超量恢复是体育锻炼产生价值的基本原理。

## 五、体育锻炼的生长发育机制

个体的生长发育发展过程同时受到遗传过程的制约。人在发育过程中，在形态结构、生理机能、运动能力、个性心理特点，甚至寿命等各方面都受到遗传的影响，这种影响是靠遗传程序来制约的。这种程序常为个体的生长发育发展确定了一个大致的方向和水平，但这种程序不是一成不变的，后天环境可以使这种程序发生一定程度的改变。体育锻炼就是调节、控制这一改变的基本手段，通过这一调节和控制可以影响人体发育的快慢、体质的强弱和寿命的长短。个体的生长发育发展过程不同于遗传的过程，它是发生在个体身上，而不是发生在世代的衔接上的，每一个生长发育过程都是人类生命史上的一个周期，而每一个周期都为遗传变异做了累积性的变化，因而促进了人类的进化过程。

人体的生长发育发展过程具有以下的特点：

第一，波浪性和阶段性。不同种族、地区、性别、时代的人，在身高、体重及各个部分的长度、围径、宽度的年增率、年增长值等方面，都随年龄增加而变化，变化曲线呈波浪形，并有明显的阶段性。

第二，人体生长发育的非等比性。人体是统一完整的有机体，因此人体各部分的生长发育有相应的比例，但各部分在同一时期及整个发育过程中，并不按等比例生长发育。

第三，生长发育的统一性。同一种族、同一地区的人在形态机能、运动能力、生长发育速度、寿命长短等方面具有比较相近的共同规律。

人体的生长发育发展的规律对指导体育锻炼具有重要意义。它为体育锻炼的经常性、全面性和个体差异性提供了科学根据。

## 六、体育锻炼的防治疾病机制

人体的生命活动过程，机体与外界环境，体内各系统器官间的活动既对立又统一，不断地维持动态平衡，即中医所说的“阴平阳秘”“阴阳调和”。然而，在一定的致病因素作用下，人体与外环境的平衡被破坏，机体的抗损害（如防御屏障、应激反应及代偿适应能力等）与损害之间对立统一的破坏，均可导致“阴阳失调”“阴阳偏盛或偏衰”，促使机体出现各系统、器官、组织、细胞，乃至分子发生结构、功能和代谢的病理变化，表现出相应的症状和体征，从而影响健康和劳动能力，这就是发生了疾病。

疾病的发展过程是损伤和抗损伤这一对矛盾的斗争过程。致病因子作用于机体后，引起机能、代谢和形态结构上的各种病理性改变的同时，也引起机体对抗各种损伤的反应。疾病过程中损伤与抗损伤的对比关系决定着疾病的发展方向。如果损伤占优势，则病情恶化，甚至导致死亡；反之，如果抗损伤反应占优势，则疾病就向有利于机体恢复正常功能的方向发展，直至痊愈。

## 第二节　高校体育锻炼的内容

### 一、体育锻炼内容的分类

分类是根据某一特征，对群体进行一定的区分和归类。在体育锻炼的各种分类中，最基本、最常用的是按体育锻炼的目的进行分类，依据这一分类，体育锻炼的内容可分为以下几种：

#### （一）健身运动

健身运动主要是指一般健康者（包括体弱无病者）为强健身体而进行的体育锻炼，通过练习增强身体各器官、系统的机能，提升身体素质，提高基本活动能力。健身运动可根据个人特点和爱好，选用各种锻炼手段，可以采用各种竞技体育项目，也可以采用日常生活中一些有锻炼价值的动作，如走、跑、骑自行车等。

#### （二）健美运动

健美运动是在健身的基础上，为增加身体美感而进行的身体锻炼。通过练习，形成良好的体型和姿态。健美锻炼的针对性较强，如为了发展肌肉力量，可采用举重和器械体操练习；为养成端庄优美的体态，增加协调性和韵律感，可采用健美操、艺术体操和舞蹈等练习。

#### （三）医疗体育

医疗体育又称康复体育，是指病患者为了治愈某些疾病而进行的体育锻炼。医疗体育的内容应根据疾病性质采取相应的手段。一般采用动作轻缓、运动负荷较小的散步、慢跑、太极拳、气功、按摩、保健操等，为提高康复效果，缩短疗程，常与药物治疗相结合，在医生指导下，按运动处方进行定量锻炼。

#### （四）矫正体育

矫正体育是指某些人为了弥补身体缺陷或克服功能障碍而进行的体育锻

炼。练习内容应针对身体的特殊性进行专门的安排。

### （五）娱乐体育

娱乐体育是指为了丰富生活、调节精神、欢度余暇而进行的体育活动。娱乐体育以消遣、欢快为目的，内容选择以个人爱好为前提。

## 二、体育锻炼内容的选择

准确恰当地选择体育锻炼的内容，既可以激发和巩固锻炼的积极性，又是提高锻炼效果，顺利实现锻炼目的的前提。

选择身体锻炼的内容，既要遵循体育锻炼的原则，又要参照锻炼内容的分类，使锻炼者的选择更科学、更合理、更简便。

### （一）目的性

体育锻炼的目的是选择锻炼内容的主要依据，选择锻炼内容前，必须首先确定锻炼目的。锻炼目的有直接目的和间接目的之分，首先应考虑直接目的，然后再努力使直接目的和间接目的相统一。如为了治疗慢性疾病，首先就应从医疗价值较高的体育项目中寻求对症之法，然后再从长计议，考虑如何使身体进一步发达健壮。

锻炼目的应重点突出，尽量具体。多种锻炼目的或抽象的目的将导致项目选择无所适从，如泛泛地讲健身，锻炼内容的选择就有很大的随意性，倘若在健身的前提下，明确着重发展某一方面的素质（如力量），那么，选择锻炼内容就会有的放矢了。

### （二）实效性

为提高锻炼实效，确定采用的锻炼内容时，要注意项目的特点、作用和实际价值，力求少而精，而不必追求表面的欣赏价值。

### （三）可行性

确定锻炼内容，必须从实际出发，充分考虑锻炼的客观条件，练习场地应以就近为宜。据对锻炼者调查，锻炼地点在 15 分钟内可到达者有较大的吸引力，其中跑步 5 ~ 10 分钟可达到的人数最多。对居住偏远者，可选择对场地要求不高的项目，就近锻炼，如跑步、打拳等。锻炼器材应小型、轻便，便于携带。目前，我国锻炼者多采用徒手项目，对场地器材要求不高，随着物质水平和文化生活水平的不断提高，应逐步增加轻器械练习，这不仅可以增加练习兴趣，而且能够提高锻炼质量。另外，确定锻炼内容时，还应考虑到锻炼者的技术基础是否能够适应该项目的难易程度，该项目是否需要、能否找到技术辅导员，该项目锻炼所需时间与本人余暇时间是否矛盾等。

#### （四）季节性

选择体育锻炼内容时，要注意该项目练习是否有季节、气候要求。采用季节性较强的项目，应随季节的变化做出相应的安排。如夏季游泳、踢足球，冬季锻炼无室内条件，就可以进行长跑、滑冰等项目的锻炼。

确定锻炼内容不必一次确定不再更改，可先初步决定后，试行一段时间，如感到有必要，还可以进行调整或变更，但不宜变更过多。

应该明白，确定体育锻炼的内容并不是只能做一项选择。在确定主项之外，还可以辅之以其他项目。如果以长跑锻炼为主，可以在跑的前后，安排一些器械体操，以补足锻炼功效之不足。

## 第三节　高校体育锻炼的方法

体育锻炼的方法是根据人体发展规律，运用各种身体练习和自然因素以发展身体的途径和方式，体育锻炼方法是贯彻体育锻炼原则，达到体育锻炼目的的途径。

### 一、体育锻炼的基本练习方法

#### （一）单项重复法

单项重复法是指锻炼者在相对固定的条件下，按照计划和要求（一定负荷）反复练习同一内容的方法。这种方法适用于：第一，运动负荷较小或用时较短的项目，重复练习可增加练习强度和时间，有助于提高练习效果；第二，动作技术比较复杂难于掌握的项目，通过反复练习，有助于学习和巩固技术；第三，运动负荷安排较大，难以一次完成的练习，如健美锻炼中举哑铃 300 次，分解 6 次反复进行，这样，每次间隔中安排一定的休息，可以保证计划的落实。

采用单项重复法应注意以下几点：

第一，合理确定重复的要素，其中包括重复练习的总次数、每次重复练习的距离或时间、每次重复练习的强度（速度或重量等）、各次重复练习之间的间歇时间等。

第二，切实保证每次重复练习的质量不能因重复次数多而降低动作要求，也不能因为疲劳的出现而减少计划练习的数量。

第三，单项重复易产生枯燥感觉，应用时一方面要锻炼意志，克服厌烦情绪，另一方面可采取灵活的调整措施，如在练习前后或每次间歇中穿插安排轻松活泼的辅助练习等。

重复的次数和时间是决定健身效果的关键。确定和调节重复的次数和时间应考虑项目特点。运用重复锻炼法时要注意克服厌倦情绪，防止机械呆板。

### （二）群项组合法

群项组合法是指结合锻炼需要，将两个以上具有不同身体发展功能的项目搭配起来，在一次锻炼中依次练习的方法。

这种练习方法可以弥补某些项目对身体发展作用比较单一的不足，使各项目之间功能互为补充，达到全面发展身体的目的。此外，由于锻炼内容多样，经常变化，故此种锻炼生动活泼，易激发和调动锻炼者的积极性。

采用群项组合法锻炼身体，应解决好以下几个问题：

第一，要根据体育锻炼的任务，选定组合的各项内容，使之互相配合，取长补短。

第二，要合理确定各项练习的比例和次序。采用群项组合法锻炼，并不一定要求各项练习时间非得平均分配。在多数情况下，应首先确定一个中心项目，其他项目则围绕这一项目做出适当的安排，如锻炼以长跑为主项，考虑到上肢锻炼得不足，在长跑后，可辅之以单杠的引体向上和俯卧撑练习，这样，在时间上可以保证重点项目，在次序上也比较合理。

第三，要灵活掌握换项中的间歇，间歇主要是采取调整性休息，这一短暂过程，既是上一项练习后的休息和体力恢复，又是为下一项练习做准备的过程。故内容安排应注意承上启下，轻缓放松。间歇时间可根据两项内容的强度而定，一般来说，只要呼吸频率比较平稳后，就应开始下一项练习。

第四，根据练习的结构特点，可结合采用循环练习。群项组合为综合运用循环练习提供了可能，如果各项练习的结构允许，可全部或部分采用循环练习。这样，不仅可以避免局部肌肉出现疲劳，而且可以增加练习兴趣，调节练习情绪。

### （三）变换锻炼法

变换锻炼法是指在改变锻炼内容、强度和环境的条件下进行锻炼的方法，如变换锻炼项目、提高或降低运动负荷、调整练习要素、变更练习地点等。

采用变换锻炼法能够提高中枢神经系统的灵活性，发展身体的调节能力和适应能力，同时，可以有效地调节生理负荷，激发锻炼情绪，强化锻炼意志，克服疲劳和厌倦情绪。此外，对于修订锻炼计划，活跃锻炼气氛也具有一定意义。应用变换锻炼法，应注意解决好以下几个问题：

第一，变换要以锻炼的实际需要为前提，做出有针对性的安排，在遇到下列情况时，可考虑采用变换锻炼法。其一，改进和提高技术以尽快掌握技术要领，有必要调整练习要素（如降低练习速度、减小运动负荷等）时。其二，精神饱满、体力充沛或健康欠佳、疲劳积累，欲修改锻炼计划或进行体力调节时。其三，发展新的锻炼内容，是否符合本人实际时。感到没有把握，欲进行尝试、体验时。其四，连续采用同一锻炼内容，长期在同一地点锻炼，有单调、乏味感觉时。

第二，灵活掌握变换锻炼的计划，注意材料积累和信息反馈。变换锻炼一般应有预定的计划，但因为是改变常规的锻炼，具有尝试性。因此，必须加强锻炼过程中的自我监督，视身体反应，随时加以调整。变换锻炼过程中，由于接触新的练习内容或条件，身体必然会产生新的感受，应注意记录和总结，以便为调整锻炼计划提供依据。

第三，采用变换锻炼法，应是短期和非经常性的，在达到变换目的之后，应尽快转入常规练习。如变换时间过长、过于频繁，不利于原锻炼计划的执行。如通过变换练习，认为有必要更改原锻炼方案，则应尽早下决心并施行。

第四，在采用变换锻炼法时，要把注意力集中到所要解决的任务上，不要因为练习内容、条件或环境的改变产生新异刺激，兴奋点就集中到锻炼的形式和环境上，因而忽视了变换锻炼的目的与任务。

### （四）竞赛与表演法

竞赛与表演法是指锻炼者面对观众，在互相比较、彼此竞争的情况下进行锻炼的方法，与其他锻炼方法相比，竞赛与表演对锻炼者提出了更高的要求。锻炼者不仅要熟练地掌握技术、技巧，而且要兼顾左右，与同伴配合，或整齐协调地完成动作，或随机应变地运用技巧、战术争取战胜对方。因此，应用这种锻炼方法，对于表现锻炼成果，检查评价锻炼水平，对于激发锻炼热情，巩固锻炼习惯，对于培养团结合作、顽强果断和自信心等方面都具有特殊价值：

应用竞赛与表演法进行锻炼，要注意解决好以下几个问题：

第一，控制运动负荷和情绪，防止伤害事故。表演和比赛，尤其是比赛，紧张激烈，竞争性强，锻炼者必须善于控制自己的情绪，适当掌握比赛节奏，使身体的运动负荷维持在保健水平。特别是体质欠佳者，尤其应当注意安全，要启发锻炼者认清锻炼性比赛与竞技性比赛的区别，切不可因求胜心切，而忘记身体条件。在比赛和表演中，如感到身体有明显不良征兆，应及时加以调整，必要时可中止比赛或表演。

第二，灵活采用比赛和表演规则，使之服从并服务于锻炼任务的完成，体育锻炼者的比赛或表演，主要不是为了创造成绩或打破纪录，作为一种锻炼身体的方法，主要目的在于强身健体和娱乐。因此，根据需要，可以采用正式比赛或表演的规则，也可以对正式规则进行简化或调整。如规则对技术要求较高，对场地设施要求严格，可由双方议定修改，不必勉强执行。

第三，虚心学习、认真总结，为今后锻炼提供经验。比赛与表演，增加了与同项目锻炼者的接触机会，是学习借鉴、取长补短的良机。锻炼者应认真观察，详细记录，从中获得更多的启迪。如有可能，借比赛与表演之机，拜师学习或参加锻炼组织，将是提升锻炼效果的途径之一。

### （五）利用自然因素锻炼法

利用自然因素锻炼身体的方法，是指人体为了适应外界环境的变化，利用自然条件进行体育锻炼，以提高适应能力和增进健康、增强体质的锻炼方法。

1. 日光浴

日光浴好处很多，因为紫外线能刺激人体的造血机能，使血液中的红细胞增多，皮肤里胆固醇转为维生素 D，促进钙和磷的吸收利用。经常坚持能使人体血管扩张，血流加快，血液循环得到改善，增进机体调节体温的能力。

2. 空气浴

让皮肤广泛接触新鲜空气，利用气温、气流和温度形成对人体的刺激，通过神经反射作用，达到改善体温调节能力的目的，从而提高机体的适应能力,空气中含有带负电荷的“负离子”,而新鲜空气中氧气丰富,负离子浓度高,对身体各器官、系统，特别是神经系统有良好的刺激作用，可改善血液循环，提高新陈代谢，增强机体的抵抗能力，预防呼吸系统的各种疾病，要注意的是遇到恶劣天气时，不要勉强坚持。

3. 冷水浴

这是利用水的温度及机械和化学作用对人体的刺激达到锻炼目的的一种

方法，主要是用冷水擦身、冲洗、淋浴和游泳等。由于水的导热性比空气强，水温愈低身体热量散发得愈快，人体对冷水刺激的反应就愈强。

## 二、当前国内外流行的锻炼方法

### （一）有氧锻炼法

有氧锻炼法是指锻炼者通过呼吸能够满足运动对氧气的需要，在不过量耗氧的情况下进行体育锻炼的方法。这种锻炼的运动负荷强度适中，而运动时间较长，可以有效地提升心血管机能和呼吸机能，促进机体的新陈代谢，并减少脂肪积累，是国外和国内都比较流行的一种锻炼方法。

采用有氧锻炼法的关键是掌握练习强度，使锻炼强度既在有效健身阈值以上，又不超过无氧阈值，国外比较流行的用心率控制强度的方法有以下两种：

第一，锻炼时，脉搏保持在 130 次 /min 左右，不高于 150 次 /min。

第二，用 180 减去锻炼者的年龄数，所得的差作为锻炼时每分钟的平均脉搏数。

采用有氧锻炼法的典型项目有：长跑、竞走、游泳、骑自行车、滑雪、耐力体操及韵律操、徒步旅行等。运用其他项目锻炼，只要坚持速度较慢、距离较长或持续时间保持在 30 分钟左右，均可称为有氧锻炼，都可以收到满意的锻炼效果。

### （二）发达肌肉法

发达肌肉法是指根据锻炼者在发展力量素质的同时，以增长肌肉、健美身体为目的的一种锻炼方法，这种锻炼方法在青少年特别是男青年中采用者较多。

肌肉的发达健壮，依赖于负荷状态下的收缩与放松，反复的刺激使肌肉有充分的血液供应，可获得更多的氧气和营养物质，肌纤维增粗，富于弹性，这样，肌肉体积才会增大，力量才能增强。所以，负担重量、反复练习、适当间歇是增长肌肉的基本要求。

发达肌肉的锻炼内容，可从以下几方面进行选择：

第一，运用体操项目中的单杠、双杠、吊环等器械发展躯体和上肢肌肉，如双杠的支撑屈伸、双臂支撑摆动屈伸，单杠的引体向上、摆动屈伸向上等。

第二，运用哑铃、拉力器、杠铃等器材，促进身体各部位肌肉协调发展。

根据发展部位的需要，可自编各种练习动作，并注意负荷重量及次数和配合。

第三，运用克服自身体重的徒手练习。如跳绳、蹲起、俯卧撑、仰卧起坐等。这种练习不受器材及场地限制，简便易行，但发达肌肉的效果，不如器械练习明显而迅速。

应用发达肌肉法，特别需要注意的是：第一，要使身体各部位肌肉协调发展，如上肢与下肢的协调、左侧肢与右侧肢的协调、四肢与躯干的协调等；第二，要把发展力量素质与发展柔韧素质结合起来，避免肌肉过于僵硬；第三，要把发达大肌肉群与发展小肌肉群结合起来，使肌肉有力而灵活；第四，发达肌肉的锻炼要坚持长久，须知，肌肉增长快，但消退也快，只有经常反复练习才会使发达的肌肉巩固、持久，并逐渐形成形态学特征。

### （三）消遣运动法

消遣运动法是指为了寻求生理和心理上的放松，欢度余暇而进行体育锻炼的一种方法。这种锻炼方法运动强度不大，令人轻松愉快，具有安抚身心、消除疲劳的功效。

采用消遣运动法应注意以下几个方面：

1. 情绪放松、专注，暂时忘却和摆脱工作、生活中的困扰；
2. 活动内容选择以兴趣爱好为前提，符合个人意愿；
3. 运动负荷以小、中强度为主，运动后能产生惬意的疲劳感为好；
4. 为增进情感交流，增添消遣情趣，最好能与亲友结伴而行，共同活动。

## 三、体育锻炼方法的选择

因为年龄、性别、身体条件和健康状况的不同，在进行体育锻炼时应合理选择锻炼方法。按体质、健康状况等大致把体育锻炼者划分成 5 种类型，根据自己的实际情况选择适合自身的锻炼内容和方法，以达到理想的健身效果。

### （一）健康型

健康型是指身体健壮，有较强的参加体育锻炼的热情和欲望，并能承受较大的运动负荷者，这类人根据实际情况选择一两个运动项目作为健身手段，如选择球类、田径、举重、游泳等项。常用综合练习法、重复练习法和间歇练习法等进行有计划的锻炼。

## （二）一般型

一般型是指身体不太健壮，但无疾病，体质一般者。此类型在学生中占大多数。他们往往认为自身无病而缺少参加体育锻炼的热情和恒心，进行体育锻炼往往流于形式。这类人应选择对增强体质有实效的、形式活泼能激发参加锻炼兴趣的项目和方法，如球类、武术、健美、健美操等项目。用综合练习法、重复练习法较好。

## （三）体弱型

体弱型是指体弱多病的学生。为增强体质，战胜疾病，增进健康，可采用慢跑、定量步行、太极拳、气功等方法进行锻炼。宜先用重复练习法、循环练习法进行力所能及的锻炼。

## （四）肥胖型

肥胖型是指体重超过正常标准的学生。他们的锻炼多为减肥，因此，可选择长跑、长距离游泳和健美运动等进行锻炼。一般多采用重复练习法和循环练习法。

## （五）消瘦型

消瘦型是指体重低于正常指标的学生。他们希望通过锻炼使自己更壮实、丰满，可选用举重、体操、健美运动等项目，多采用重复练习法和循环练习法。只要长期坚持，并有一定负荷刺激肌肉，使之横断面增大，就能够使肌肉健壮，进而拥有匀称的健康体形。

# 第五章　现代学校体育运动训练理论研究

伴随着体育运动水平的迅速提升，体育运动训练理论的研究日益取得明显的进展，并越来越有力地指导着体育运动训练实践的进程。清晰地认识国内外运动训练理论的研究状况，准确地掌握它的发展趋势，对我国体育运动训练理论的完善，及推动我国体育运动水平提高无疑有着重要的意义。

## 第一节　学校体育运动训练的基础

### 一、运动训练的范围

运动员通过系统、集中的训练以完成特定的目标。训练的目的是为了提高运动员的竞技能力，从而提升运动成绩。训练是一项系统工程，会涉及生理学、心理学及社会学的诸多变量。在此期间，训练要遵循循序渐进、区别对待等基本原则。整个训练过程中，运动员的生理和心理素质得以塑造，从而满足一些严格的任务要求。

不管是初学者还是职业运动员，至关重要的一点是制定切实可行的训练目标。训练目标要根据个人能力、心理特征和社会环境来设定，有些运动员是为了赢得比赛或提高成绩，有些运动员则是追求获得运动技能或进一步提高生物动作能力。不论目标如何，都应尽可能精确及可测量。不论是短期计划还是长期计划，在训练开始之前就应设定好，并且明确实现目标过程的具体细节。而完成这些目标的最终时刻，往往是一次重大的比赛。

### 二、运动训练的目标

训练是运动员为了达到最佳竞技状态的准备过程。通过制订系统的训练计划，可使教练员的训练工作更有效率，而设计训练计划需要借鉴各门学科的知识。

训练过程以发展专项特征为目标，这些特征与完成不同的训练任务紧密相关，包括全面身体发展、专项身体发展、技术能力、战术能力、心理因素、健康管理、伤病预防以及相关理论知识。要想获得上述能力，需要根据运动员的年龄、经验和天赋，运用个性化、适宜的方法和手段。

### （一）全面身体发展

也称为一般身体素质，是所有体育运动训练的基础。一般身体素质发展的目的是改善基本的身体能力，如耐力、力量、速度、柔韧性和协调性。运动员全面身体发展的基础越扎实，就越能经受住专项训练，最终可能发挥出更大的运动潜力。

### （二）专项身体发展

也称为专项身体素质，是为了发展专项运动所需要的生理或身体素质特征。这种训练类型是为了实现运动的一些特定需要，如力量、技能、耐力、速度和柔韧性。不过，许多运动项目需要各种关键运动能力的组合，如速度—力量、力量—耐力或速度—耐力。

### （三）技术能力

这种训练强调以发展技术能力为核心，技术能力是获得体育运动项目成功所必需的条件。提升技术能力是以全面和专项身体发展为基础的，例如，完成体操十字支撑动作的能力，要受到生物动作能力中力量因素的制约。发展技术能力训练的最终目的是完善技术动作，优化专项运动技能，专项运动技能是展现最佳竞技状态所必需的。发展技术能力应当始终要围绕完善运动项目所必需的专项技能来进行。

### （四）战术能力

发展战术能力对于训练过程也是极为重要的。战术能力训练的目的是为了完善比赛策略，该项训练要以竞争对手的战术研究为基础，具体来讲，这种训练的目的是利用运动员的技术和身体能力来制定比赛战术，增加比赛获胜的机会。

### （五）心理素质

心理准备也是确保发挥最佳体能所必需的要素。有些专家也称之为个性发展训练。不管术语如何称谓，发展心理素质（例如自制力、勇气、毅力和自信）对于成功展现运动能力是必不可少的。

### （六）健康保养

运动员的整个健康状况应当引起充分重视。健康保养可以通过定期健康检查和适当的训练安排来实现，其中适当的训练安排包括将大量艰苦训练和阶段性的休息恢复搭配进行。必须特别注意伤病和疾病，在训练过程中应给予重点考虑。

### （七）伤病预防

预防损伤的最佳方式是确保运动员已经提高了身体能力，形成了参加严格训练和比赛所必需的生理特性，并保障进行适量训练。安排不当的训练比如负荷过大，将会增加受伤的风险。对于年轻运动员来说，以全面发展身体为目标是极为重要的，由于这样可以提高生物动作能力从而有助于降低受伤的可能性。此外，疲劳控制也尤为重要，越是疲劳，受伤的概率就越大。因此，应当充分重视制订一个有效控制疲劳的训练计划。

### （八）理论知识

应当在训练过程中充实运动员有关训练、计划、营养和能量再生等方面的生理学和心理学知识。运动员理解进行某种训练活动的原因非常重要，教练员可以针对各项训练计划的目标进行讨论或要求运动员参加关于训练的座谈会议来达到这一目的。让运动员具备关于训练过程和运动项目理论的知识可以提高运动员的决策能力以及增加其对训练过程的关注，这样可以让教练员和运动员更好地制定出训练目标。

## 二、运动训练系统

系统是指将某些观点、理论或假说采用正确的方法和手段加以组合的组织方式。一个系统的发展应该基于科学成果及实践经验的积累，虽然一个系统在自身独立前会依附于其他的系统，但该系统不应被一成不变地移植。而且创造或完善一个更好的系统必须考虑到实际的社会和文化背景。

### （一）揭示系统的构成要素

构成要素是训练系统发展的核心，这可以从训练理论和方法的有关基本知识、科学成果、本国优秀教练员的经验积累以及其他国家的前车之鉴中提炼和总结。

### （二）明确系统的组织结构

确定了决定训练系统成功与否的核心要素后，就可以创建现实的训练系统了，而短期的和长期的训练模式也应当随之建立。该系统应当能为所有教练员共享，但也应当保持足够的灵活性，以便教练员能够根据他们自身的经验进行下一步的丰富与完善。

体育科研工作者对于建立训练系统起着十分重要的作用。体育科学研究，尤其是应用领域的研究所提供的成果，丰富了训练系统赖以不断发展和完善的知识基础。此外，体育科研工作者的工作还能有益于完善运动员的监测计划和选材计划、建立训练理论以及完善疲劳和压力处理方法等。尽管体育科学对于训练系统的重要性是显而易见的，但这门分支科学并未在全世界受到足够的重视。例如，斯通（Stone）认为体育科学在美国的应用呈现下降趋势，这在某种程度上解释了近些年奥林匹克运动会上美国运动员的运动成绩下降的原因。

### （三）验证系统的效能或作用

一旦启动训练系统，就应当经常对其进行评估。训练系统有效性的评估可通过多种方式进行。验证训练系统效果的最简单的评估方法是该系统带来了实际运动成绩的提高，也可使用更为复杂的评估方法，包括对生理适应的直接测量，例如荷尔蒙或细胞信号传导的适应。另外，力学评估方法可用于定量地测定训练系统的工作效率，例如最大无氧功率、最大有氧功率、最大力量以及力量增长率峰值的评估。体育科研工作者在此领域中起着极为重要的作用，他们运用自己的专业知识来评价运动员，并对训练系统效率的提升提出独到的见解。如果训练系统并非最佳，那么训练团队可以重新进行评价并进一步改进系统。

总体来说，训练系统的质量依赖于直接因素和支持因素，直接因素包括那些与训练和评价相关的因素，而支持因素与管理水平、经济条件、专业化能力和生活方式相关。每一个因素对于整个训练系统的成功都发挥着重要作用，但直接因素的作用更为重要。直接因素的重要性进一步强调了这一观点：体育科研工作者为高质量训练系统的发展和完善做出了重大贡献。

高质量训练系统对于达到最佳竞技状态是必不可少的。训练的质量不仅取决于教练员，还取决于许多因素的相互作用，这些因素会影响到运动员的训练成绩。因此，所有会影响训练质量的因素都需要进行有效的落实和不断的评估，必要时进行调整，以满足当代体育运动不断变化发展的需求。

### 四、运动训练的适应

训练是一个有组织的过程，它使身体和心理都在不断地接受各种负荷量和强度的刺激。运动员适应和调整训练与比赛负荷的能力，同生物物种适应其所生存的环境一样重要——适者生存。对于运动员来说，如果无法适应不断变化的训练负荷与训练及比赛带来的刺激，将会导致疲劳、训练过量甚至过度训练。在这种情况下，运动员无法完成既定的训练目标。

高水平竞技能力是多年精心筹划、系统而富于挑战性的训练结果。在此期间，运动员不断调整自身的生理机能以适应专项运动的特殊要求，运动员对训练过程的适应程度越高，就越能发挥出高水平的运动潜力。因此，任何组织严密的训练计划，其目标都是为了促进适应，从而提高运动成绩。只有运动员遵循以下顺序，才有可能提高运动成绩：

增加刺激（负荷）—适应—训练成绩提高

如果负荷总是处于同一水平，那么适应在训练的早期就会出现，随之而来的是一个再没有任何进步的高原期（停滞期）。

刺激不足—稳定平台—训练效果提升不明显，如果刺激过度或刺激过于繁杂，运动员将无法适应，发生适应不良现象过度刺激—不适应—运动成绩降低。

因此，训练的目标是逐步地、系统地增加训练刺激（训练强度、训练负荷量和训练频率）以得到较高的适应，进而提高运动成绩。这些训练刺激的变化是指训练要素的改变，以使运动员对训练计划的适应最大化。

## 第二节　学校体育运动训练的内容

### 一、身体训练

#### （一）身体训练的意义

1. 身体训练

身体训练是指在运动训练中动用各种有效手段和方法，增进运动员身体健康，提高机能能力，改善体型，全面提高身体素质和身体活动能力。

2. 身体训练的意义

身体训练的意义表现在：身体训练是技术、战术训练的基础。只有具备良好的身体素质，才可能掌握复杂的、先进的技术，承担大负荷的训练和激烈的竞赛；身体训练水平的提高，还可以提高竞技状态的稳定性；同时，良好的身体素质基础也对预防运动损伤、延长运动寿命有积极作用。

### （二）身体训练的内容

身体训练的内容包括一般身体训练和专项身体训练。

1. 一般身体训练

一般身体训练是指采用多种多样的手段和方法，促进运动员的健康，促进其正常生长发育，改善身体形态，提高各器官系统的功能，全面提高身体素质，为专项身体训练打下基础。

2. 专项身体训练

专项身体训练是指采用专门性的身体练习，进一步提高运动员的机体能力，发展专项身体素质，改善体型，以保证运动员掌握专项技术、战术。

3. 两者的关系

一般身体训练是专项身体训练的基础，专项身体训练是专项技战术训练和比赛的需要。两者既有联系又有区别。它们都是为实现身体训练任务、提高运动技术水平服务，所以，二者必须紧密结合进行。

### （三）身体训练的要求

1. 提高对身体训练重要意义的认识

由于身体训练单调、枯燥、艰苦，所以，要加强思想教育，不断提高对身体训练意义的认识。只有从理论上弄清了身体训练的重要性，才能在行动上自觉参加身体训练。

2. 身体训练的全面化

身体训练必须全面发展。因为，有机体对环境的适应能力是以一个统一的整体来实现的，机体某一部位、某一器官系统机能的提高是建立在各个部位、各个器官系统活动机能全面提高基础之上的。

3. 身体训练的系统化

身体训练要在训练过程中有计划地系统安排。运动员从开始训练到退役前，都要有计划地系统安排身体训练，身体训练的内容和手段要符合专项训练的特点，一般身体训练要同专项身体训练、技术训练和战术训练紧密结合起来，使身体训练促进技术、战术的学习与提高。

4. 身体训练的差异化

在全年训练中，身体训练的比重要因人、因时、因项而异。在准备期身体训练的比重要大些，在竞赛期应当小些，休整期又要大些。准备期的前期应侧重一般身体训练，准备期的后期和竞赛期要侧重专项身体训练，休整期又侧重一般身体训练，田径项目身体训练的比重一般比球类、体操项目要大些。运动员年龄小、训练水平低的，其一般身体训练比重要大些；年龄大、训练水平高的运动员相对来说专项身体训练比重要大些。

## （四）身体素质训练

身体素质训练是身体训练的重要内容。运动员的身体素质是充分发挥身体能力，创造优异运动成绩的基础。身体素质的发展水平越高，越有利于运动成绩的提高。

身体素质的发展取决于运动员的身体形态、机体能力水平、能量物质的储备，以及神经系统的功能能力等因素。训练工作中，应结合运动员的生理、心理特征和训练任务，采取适当的训练手段和方法来发展运动员的身体素质。

身体素质训练的内容主要包括力量、速度、耐力、灵敏性和柔韧性等素质训练。

1. 力量素质训练

力量素质是指人体肌肉工作时克服阻力的能力。人体运动时，会受到身体重力、空气或水的阻力、重物负荷、竞技对手的对抗等各种外力，以及肌肉的黏滞性、对抗肌的牵引等内力的阻碍，这就需要依靠人体的肌肉收缩产生力量，克服各种阻力，完成预定的体育活动。

力量为运动之源。人体的运动，无论是向前、向后、向上、向下、向左、向右任何一个方向，无论是直线运动，还是曲线运动，都必须依靠力的作用才能实现。

运动员力量素质水平的高低对其速度、耐力等运动素质的水平都有着重要的影响。力量素质又是运动员学会和掌握各个项目运动技术的必要条件。

根据完成不同体育项目所需力量不同的特点，通常把力量素质划分为最大力量、快速力量和力量耐力三种不同的类型。无论哪一种类型的力量素质，其水平均取决于确保肌肉收缩的物质基础，以及肌肉收缩时的工作条件和特征两个方面。

（1）发展最大力量的途径和方法

最大力量是指人体肌肉在随意收缩中所能表现出来的最大力值的能力。其力值只有在抵抗超过肌肉最大能力的阻力过程中才能准确地测到。

①发展最大力量的主要途径

a. 加大肌肉横断面；

b. 增加肌肉中磷酸肌酸（CP）的储备量，以加快肌肉工作中 ATP 的合成速度；

c. 提高肌肉间及肌纤维之间的协调性；

d. 改进和完善运动技巧。

②发展最大力量的具体手段和方法

a. 重复练习法负荷强度为 75%—90%。每项训练中完成的组数为 6—8 组，每组重复 3—6 次，组间间歇 3 分钟。

b. 阶梯式极限用力法，又称金字塔负荷体系。一次课的练习从较低的负荷开始，逐渐加大负荷而减少练习次数，保加利亚举重教练阿巴杰耶夫将这种方法发展为负荷加到 100%，即要求达到当天最高水平。

c. 静力练习法。通过大强度的静力性练习来发展最大力量。负荷强度为 90% 以上，每次持续时间为 3—6 秒，练习 4 次，次间间歇 3—4 分钟。

（2）发展快速力量的途径与方法

①发展快速力量的途径

发展快速力量的途径包括提高最大力量和缩短表现出最大力量所需的时间两个方面。

②发展快速力量的综合性练习方法

a. 减负荷练习

减负荷练习包括减轻外界阻力（负重重量）以及给以助力进行练习。

b. 先增加后减轻负荷练习

先增加后减轻负荷练习，是指在平时训练时，先增加负荷的重量，使之超过比赛时需要克服的阻力，当运动员能够适应此负荷时，再逐渐减少负荷至正常水平，从而可以有效地提高运动员在标准阻力下完成动作的速度。

（3）发展力量耐力的途径和练习方法

①发展力量耐力的途径

发展力量耐力首先要根据专项特点认真分析研究需要什么样的力量耐力，进而选择训练方法，确定训练负荷的基本要求。

②发展力量耐力的练习方法

a. 持续训练法；

b. 间歇训练法；

c. 循环训练法。

2. 速度素质训练

速度素质是指人体快速运动的能力，是运动员重要的运动素质之一。

（1）速度素质的意义

在竞技体育中，速度素质的发展水平对运动员总体竞技能力的高低有着重要作用。

①对其他运动的积极影响

良好的速度素质对其他运动素质的发展有着积极的影响。肌肉快速收缩能够产生更大的力量，高度发展的速度素质又能为耐力的发展提供更大的空间。

②易于掌握运动技巧

竞技体育技术动作大多要求快速完成，良好的速度素质有助于运动员更好地掌握合理而有效的运动技巧。

③在不同运动项目中的重要作用

对体能主导类速度性的竞技项目，速度素质水平直接决定着运动成绩的好坏；对耐力性的项目，高度发展的速度素质有助于运动员以更多的平均速度通过全程；对技能主导类项目，时间上的优势可以转化为空间上的优势，使体操、跳水等项目的运动员有更大的可能性完成难度更高的复杂技巧；使球类选手在比赛中获得更多得分的机会；而击剑、摔跤选手动作速度的细微差别，往往便会决定比赛的胜负。

（2）速度素质的训练方法

运动中的速度素质包含着反应速度、动作速度和移动速度三种基本表现形式。

①反应速度

反应速度是指机体对外界刺激反应的快慢，通常以施与刺激到肌肉系统作出应答性收缩时间的长短来表示反应速度的快慢，反应速度的快慢取决于运动员的感知能力、对信号的选择性分析、信号沿反射弧传递的速度以及肌肉应答性收缩的速度和能力这四个方面。

发展反应速度，可利用突出信号、移动目标等方法，让运动员作出快速反应动作和发展灵活性的游戏来实现。

②动作速度

动作速度是指机体某一部分完成特定动作的快慢。这里所指的特定动作通常都是完整动作的组成部分。所以，动作速度既可以相对于身体外部的参考体而言，也可以相对于身体其他部位而言。运动员机体任何部位动作速度的快慢，主要取决于中枢神经系统的功能以及引起该部位运动的肌肉力量大小，在训练中则需要相应地采用不同手段来提高运动员的动作速度。

发展动作速度可以用跟着快速信号有节奏地做单个动作来提升。大强度的重复训练法是提高运动员动作速度最主要的训练方法。动作速度训练的要点是：

a. 必须快速地完成练习。

b. 应选择专项动作或与专项动作结构、用力形式相似的练习。

c. 应选择能熟练完成的、最好是自动化的练习。

d. 可采用助力法。

e. 预先加难法进行练习。

f. 练习的次数或持续时间应以能保持最大动作速度为标准。

g. 重复练习时，每两次练习间的时间间隔应以保证肌肉工作中消耗的ATP得到重新合成补充，同时神经系统仍保持必要的兴奋程度为标准。

h. 练习前肌肉需做好准备活动。

③移动速度

移动速度是指运动员在特定的方向上快速移动的能力，以单位时间里位移的距离作为衡量的标准。

发展移动速度的训练方法：

a. 短距离跑练习。

b. 发展灵活性及协调性。

c. 高强度的重复训练。

d. 逐步发展力量，提高肌肉快速收缩力量的多种练习。

e. 逐步改进及完善技术动作。

3. 耐力素质训练

耐力素质是指身体在长时间活动中克服疲劳的能力。耐力是衡量身体健康水平的一个重要标志，它对于其他素质的发展和运动成绩的提高具有极其重要的作用。

少年儿童可以进行耐力训练，但不宜过多，必须严格控制时间、数量和强度，少年儿童的耐力训练主要是发展有氧耐力，改进氧气输送系统和肌肉代谢的功能，而不宜过进过多地进行无氧耐力训练。8 岁起可以进行有氧耐力训练；13—18 岁应继续提高有氧耐力；15 岁起可以开始进行无氧耐力训练，但强度不宜大；16 岁以后，可以逐步进行较大或大强度无氧耐力训练。发展耐力素质，要求机体供氧充分，对此，耐力训练宜在空气新鲜、氧气充足的场所进行。

发展耐力的基本手段包括一般耐力的训练方法和专项耐力的训练方法。

（1）一般耐力的训练方法

①长时间的单一练习，如跑步、游泳、骑自行车等。

②长时间变换内容的练习。

③发展一般耐力常用的训练方法主要是持续训练法和间歇训练法。

（2）专项耐力的训练方法

不同专项运动员的专项耐力有着不同的表现和特征，也就必然地要求运动员在训练中采用不同的方法和手段。

①体能主导类快速力量性项群运动的专项耐力，主要表现为以最大强度重复完成完整比赛动作的能力。所以，发展其专项耐力的训练内容与手段则应以多次重复完成比赛动作或接近比赛要求的专项练习为主。实践中多采用极限或极限下强度完成负荷。

②体能主导类周期竞赛的项目有耐力性和速度性两个项群，耐力性项目运动员专项耐力的要求是用尽可能高的平均速度通过全程，除超长距离之外，专项耐力的重要供能形式为糖酵解无氧代谢供能。其主要训练方法为大强度的间歇训练法、重复训练法及比赛训练法。

③技能主导类表现性项群运动员的专项耐力在赛前训练中须多次完成成套练习或 1/2 套以上的练习。

④技能主导类对抗性项目比赛时间较长，训练中要注意安排长时间的专项对抗练习或专项练习，有时甚至安排超过正式比赛时间或局数的训练。

4. 灵敏素质训练

灵敏素质是指人体在各种复杂条件下，快速、协调、准确、灵活地完成动作的能力。灵敏素质是正确而迅速地掌握和运用各种运动技术、战术的重要素质之一。发展灵敏素质有利于速度素质的提高，能充分发挥肌体的力量和耐力，推动运动成绩的提高。

发展灵敏素质可采用专项练习复杂化的方法，以及反复练习各种与专项技术结构相似的动作，这是发展灵敏素质最有效的方法。

灵敏素质与运动员的运动能力，尤其是协调能力有关。少年儿童进行各种运动动作的练习，如各种技巧、跳跃、活动性游戏等，对提高灵敏素质有较好的效果。从某种意义上讲，这也是发展灵敏素质的基本练习。

进行灵敏素质训练，应注意培养运动员对时间、空间判断的准确性。在教学训练中，对动作的时间和空间的指标，应有严格的要求。如对方向、幅度、速度、节奏等的要求要明确，才能提高对时间、空间的判断能力和反应能力，从而提高灵敏素质。

灵敏素质取决于大脑皮层神经过程的灵敏性，因此，一般应在大脑皮层处于兴奋状态，注意力高度集中时进行灵敏素质训练，但时间不宜过长。不同性质的练习应交替进行，以免大脑皮层产生疲劳，从而降低训练效果。

5. 柔韧素质训练

柔韧素质是指人体关节在不同方向上的运动能力，以及肌肉、韧带的伸展能力。作为人体基本运动素质之一，柔韧素质的好坏，亦即关节运动幅度的大小，以及肌肉韧带伸展幅度的大小对于运动员竞技能力的高低有着不容忽视的影响。

发展柔韧素质训练的方法有主动拉伸练习法和被动拉伸练习法两种，应以主动拉伸练习为主，同时注意以下几点：

（1）主动性练习与被动性练习相结合。

（2）动力性练习与静力性练习相结合。

（3）发展柔韧素质的练习应安排在一堂训练课的前半部进行。此时运动员尚未感到明显疲劳，一般不容易受伤。但练习前必须做好准备活动。提高肌肉温度，并进行肌肉预伸展的练习，逐渐提高肌肉、韧带及其他软组织对大幅度伸展的承受力，然后再做超过习惯的运动幅度的柔韧性练习，这样既易于取得良好训练效果，又不易造成运动损伤。

（4）发展柔韧素质的训练一定要注意循序渐进，不可操之过急，一次练习不可过多。

## 二、技术训练

### （一）技术训练概述

运动技术是指完成特定体育活动的方法，是运动员竞技能力水平的重要决定因素。技术训练是指对运动员所从事的运动项目的动作技术，进行学习、巩固、提高的训练过程。

技术训练是提高运动成绩的一个极为重要因素，只有熟练地掌握了专项运动技术，才能充分发挥运动员的身体能力，创造出优异的运动成绩，技术不好，成绩就上不去，这在一些动作复杂、协调性要求高的运动项目中更为明显。同时，技术还是战术的基础，没有全面、熟练的技术，就无法运用战术。技术训练的主要任务就是使运动员学习、掌握专项运动技术和提高运用技术的能力。所以，它是运动训练一项十分重要的内容。任何项目任何水平的运动员都应重视加强技术训练，以不断学习新技术，改进与提高技术质量。

### （二）技术训练分类

技术训练分基本技术训练和高难技术训练。基本技术是专项运动技术的主要结构部分的动作，是完成技术、进行比赛不可缺少的技术。高难技术是与基本技术相对而言的，是指专项技术中难度较大、比较复杂、要求较高的一些动作。两者既有联系，又有区别。没有良好的基本技术为基础，要想掌握高难技术是不可能的。

### （三）技术训练的基本要求

1. 重视建立正确的技术概念

正确的技术概念是掌握技术的前提，只有掌握了正确的技术概念，才有可能掌握正确的技术。技术概念不清，就很难形成正确的技术定型，错误的技术定型形成之后，纠正起来就十分困难。所以，在学习技术开始时，就要建立正确的技术概念。

2. 针对少年儿童的训练

如果训练对象是少年儿童，应依据少年儿童生理、心理特点进行技术训练。

3. 抓好基本技术训练

基本技术是学习高难技术和创造新技术的基础。因此，训练的全过程都要狠抓基本技术训练。

4. 技术训练要全面、实用、准确、熟练

技术训练要全面，是使运动员全面掌握专项运动技术，成为专项运动的“多面手”。技术训练要实用，是指运动员掌握的技术要符合比赛要求，在比赛中能用得上。技术的准确，是要求运动员学习的技术要规范，既掌握技术的基础环节，又掌握细节，在比赛中能准确地表现出来，技术的熟练，是指运动员掌握技术要达到动力定型，在多变的环境条件下，都能正确地完成。

5. 技术训练与身体训练相结合

在训练过程中，既要注意技术训练，又要重视身体训练，二者要协调地进行，使身体训练为技术训练服务，在技术训练中提高身体素质。

### （四）技术训练的方法

运动技术训练的方法很多，实践中可根据实际情况设计或选择训练方法，在此仅就常用的基本方法进行简要的介绍。

1. 直观法

直观法是指在技术训练中，借助运动员的各种感觉器官，建立起对练习动作的一个清晰、直观、深刻的表象，从而获得对练习动作技术的感性认识，使运动员在练习动作时能够正确思维、掌握和提高运动技术水平的一种常用的训练方法。教练员的示范动作就是很好的直观法。

2. 语言法

语言法是指在技术训练中，运用各种形式的语言，指导运动员学习和掌握技术动作的训练方法，其主要作用在于帮助运动员借助语言明确技术动作概念，纠正错误动作，提高技术水平。

3. 分解法

分解法是指把完整技术动作按其基本环节，分成若干个相对独立的部分，使运动员分别进行练习的训练方法。其优点在于能减少运动员开始学习的困难，在掌握了完整技术动作中相对独立的几个部分后，再进行完整练习，从而提高学习的效率，增强掌握动作的信心。此方法主要用于较复杂的技术，在改进动作、提高动作质量时亦可使用。

4. 完整法

完整法是指运动员从技术动作的开始姿势到结束姿势，完整地进行练习，从而掌握技术的训练方法。其优点在于一开始就使运动员创建完整的技术动作概念，不致影响动作的结构和各部分之间的联系。此方法多用于学习简单的技术动作或不能分解联系的较复杂的技术动作。

5. 减难法与加难法

减难法指在训练中，以低于专项要求的难度进行训练的方法。此种方法常用于学习新动作或改正动作阶段。

加难法指在训练中，以高于专项要求的难度进行训练的方法。如在排球扣球技术训练中加高隔网，进而增加训练难度。此种方法常在优秀运动员的训练中使用。

6. 预防与纠正错误法

预防与纠正错误法的关键是找出造成错误的原因，然后再采用各种有针对性的方法和手段预防与纠正错误动作。

## 三、战术训练

### （一）战术

在体育学中关于战术的定义有多种。

田麦久对战术的解释是，运动员或运动队在比赛中为表现出高超的竞技水平，或战胜对手而采取的计谋和行动。

徐本力对战术的定义是，为战胜对手而在赛前制订并在比赛中灵活运用的比赛计谋、行动与方法，也就是根据双方的情况正确地分配力量，充分发挥已方特长、限制对方特长，为战胜对手而采取的合理有效的计谋、行动与方法。

战术的形成是在运动员具有一定的身体训练和技术训练基础上，根据比赛需要通过训练而形成的，战术发展对运动员身体和技术不断提出新要求，并在一定程度上影响身体素质、技术、心理的发挥与运用。同时，在集体性、对抗性项目中，战术往往是夺取胜利的关键；在双方实力接近的情况下，谁的战术水平发挥得好，谁就能夺取胜利；在一定情况下，战术运用成功，还可能以弱胜强，反败为胜。战术对一些非对抗性项目也有一定的作用，如中长跑的体力分配及抢先或跟跑战术，跳高的免跳高度等。

### （二）战术训练

战术训练是指在教练员指导下，运动员学习掌握集体或个人正确地分配力量，发挥我方特长、限制对方特长的发挥，所采用的在比赛中争取优胜的计策与行动的训练过程。

1. 战术训练的要求

（1）重视运动员战术意识的培养

战术意识是指运动员在比赛的复杂多变和困难的环境下，及时准确地观察到场上情况，快速而准确地决定自己的行动及与同伴配合的能力。战术意识的培养，是战术训练的中心环节。通过战术训练，要提高运动员对战术行动的认识，理解战术意义、战术实质，提高研究运用战术的自觉性。

（2）基本战术训练与多种战术训练相结合

首先是熟练掌握一两套表现本队独特风格的基本战术，其次是在此基础上逐步建立起多种成套战术体系，使基本战术训练和多种战术训练相结合。课余运动训练，应以基本战术训练为主，并在较熟练地掌握基本技术的基础上进行战术训练。

（3）战术训练要有实战性

依据临场比赛的要求，战术训练应在比赛的条件下进行，使战术训练同比赛一致起来，还应在困难条件下进行训练。例如，可采用以少防多、以少攻多，增加进攻或防守的难度和对抗性；要求攻防遇阻时灵活变换战术，以及在不良的场地设备、气候条件下进行训练等方法，以培养和提高实战能力。

（4）战术训练要循序渐进

初学战术时，条件要简单些，难度低些，在运动员理解战术意图、战术结构之后，再提高学习的难度，增加对抗因素。

总之，战术训练应建立在身体训练、技术训练基础上，从运动员的身体和技术特点出发，同身体训练和技术训练结合起来，使战术训练更切合实际。

2. 战术训练方法

（1）表象法

表象法是指运动员在头脑中对过去完成的正确技术动作的回忆与再现，唤起临场感觉的训练方法，通过多次动作表象，提高运动员表象再现及表象记忆能力，可以使运动员的注意力集中于正确的技术要求，有利于提升心理稳定性，从而促进技术的掌握。

（2）限制性实践训练法

根据训练需要，进行有目的、有条件限制的实践练习，以专门性限制条件的训练强化其技术，使运动员有目的地掌握运用各项攻防技术动作，同时，运动员在近似实战状况下，经过技术训练和运用，积累实战经验，为实战做技术、战术和心理上的准备。

（3）实战训练法

通过实战比赛，使运动员的技术技能向更高质量方面变化，同时，在高度紧张激烈和瞬息万变的情况下，有效地运用技术和战术，可增强练习者的自信心，丰富其临场经验，为真正进入高水平比赛创造条件。

（4）模拟训练法

在对比赛的环境、条件和对方实力作详细了解和分析的基础上，通过与模仿重大比赛中主要对手的主要特征的陪练人员的练习，以及在与比赛条件相似的环境中练习，使运动员逐渐适应于比赛特殊条件的过程。

## 四、智能训练

### （一）运动智能

作为一种重要的能力，人的智能是以其智力水平为基础，运用所掌握的文化理论知识从事工作或劳动的能力。

运动智能是人类智能中的一种特定类型，专指运动员以其智力水平为基础，运用所掌握的全面知识，特别是体育专业理论知识参加运动训练和运动竞赛活动的能力。

运动智能是运动员总体竞技能力的重要组成部分。运动员专项运动智能的高低与其一般智力水平有着密切的关系。心理学家们把智力归属为人类心理能力的重要内容，包括观察力、注意力、记忆力、思考力及想象力。而专项运动智能涉及专业理论知识的学习与掌握，更与专项运动训练实践密切联系。

### （二）智能训练

智能训练是指通过训练提升运动员的某些智力因素与某些能力因素，并实现其有机的结合。

1. 智能训练的内容

智能训练的内容包括理论知识教育和能力培养两个方面。理论知识教育主要是学习文化科学知识、体育卫生基础知识、体育教学和训练的一般原理、专项运动理论与技术、战术知识，智力能力培养包括培养观察能力、接收信息能力、思维能力、想象能力、分析问题与解决问题的能力。

2. 智能训练的要求

（1）智能训练应列入训练计划，并占有一定比例，保证有目的、有系统地进行。

（2）提高运动员对智能训练的认识，自觉地参与智能训练，提高智能训练的实效性。

（3）智能训练可采用多种方法进行，如讲授有关的理论知识、技术分析、写训练日记、组织讨论、赛后小结等。如有条件，还可利用幻灯、电影、录音、录像等现代化手段，以提高智力训练的效果。

（4）逐步创建智能测试评定的制度和方法，如理论知识水平的考核，采用专门措施测定运动员的感觉、观察、综合分析、记忆、判断能力，并制定相应的评价标准等。

## 五、心理训练与恢复训练

### （一）心理训练

心理训练是指通过各种手段有意识地对运动员的心理过程和个性特征加以影响，并使运动员学会调节自己心理状态的练习过程。

人的心理是客观现实与人脑相互作用的产物，是人脑反映客观现实的最高级形式。人的心理对人的多种社会行为产生一定的影响。当然，也会影响运动员在运动竞赛中的表现。与体能、技能、战术能力一样，心理能力也是运动员竞技能力的重要组成部分。

人的心理现象包括个性心理特征（兴趣、性格、智力、气质）与心理过程（认知过程、情感过程及意志过程），人在运动竞技中的心理能力，同样也由这两个方面组成。

1. 心理训练的任务

培养运动员具有适应专项需要的心理过程和个性特征；形成运动员对训练的良好态度，创造适宜的心理状态，提高适应比赛的能力；促进运动员疲劳的恢复；克服各种心理障碍，保证训练与比赛的顺利进行。

2. 心理训练的类型

（1）依据训练内容与专项需要的关系，可将心理训练划分为一般心理训练和专项心理训练两大类，通过一般心理训练发现运动员普遍需要的心理品质，即适应于参加运动训练和竞技比赛的心理特征，以及健康、稳定的心理过程。而通过专项心理训练，则集中发展从事艰苦的专项训练和成功地参加专项竞赛，特别是高水平竞赛所需要的个性心理特征以及稳定的心理过程。

（2）根据训练目标与比赛的关系，可将心理训练分为赛期心理训练和日常心理训练（或称训期心理训练）两大类。通常，赛期心理训练集中于调整运动员的心理过程，而日常心理训练则相对偏重于改善运动员的个性心理特征。

（3）依据特定比赛的需要，所进行的有针对性的心理训练叫作赛期心理训练，包括赛前的心理准备、赛中的心理控制以及赛后的心理调整。

3. 心理训练的方法

近年来，随着人们对心理训练重要性认识的不断加深，心理训练方法问题也日益引起人们的高度重视。当前文献中涉及的心理训练方法多达十余种，但由于缺乏简明的科学概括与系统归纳，使得这些方法远未得到普及和应用。

通常被广泛采用的心理训练方法有意念训练法、诱导训练法和模拟训练法三大类。

（1）意念训练法

意念训练是纯意识性的训练，由运动员独立进行。训练时运动员进行积极的思维活动，或发出明确的指令，或做出间接的暗示，影响、指挥或控制自身的心理活动，以使其个性心理特征和心理过程得到改善。运动员常常借助于想象或表象进行意念训练。

（2）诱导训练法

由教练员或心理学专家采取特定的手段导引运动员的思维过程，从而进行心理训练的方法叫作诱导训练法，与意念训练法的自我诱导相比较，进行诱导训练时，诱导的主体与客体不是同一的。诱导行为的主体，即诱导者通常是教练员或心理学专家，但也可以是同伴、亲友，甚至不相识的陌生人。

（3）模拟训练法

在模拟未来比赛的条件下进行心理训练（或包括心理训练在内的综合训练），即模拟心理训练。通过模拟训练，可使训练与比赛的实际尽可能地接近，使运动员在近似比赛的条件下，锻炼和提升对未来比赛的适应能力，以及情绪控制能力等。

在模拟训练中，组织训练的主体，即教练员或心理学专家，主要通过所制造的模拟条件对训练的客体，即运动员，实施心理训练和控制。模拟训练包括实景模拟训练和想象模拟训练。

### （二）恢复训练

恢复训练是指在训练和比赛之后，采用科学的手段和方法，消除运动员体力和精神的疲劳，使运动员机体活动能力得到恢复与提高。

1. 恢复训练的意义

恢复训练是提高运动员训练水平和竞技能力的重要因素，没有负荷就没有疲劳，没有疲劳就没有训练。在现代运动训练和竞技中，运动员要承受相当高的生理和心理负荷，如果不及时而迅速地消除疲劳、恢复体力，就会影响以后的训练与竞赛。没有恢复就没有提高。通过恢复训练，运动员的运动能力更好地得到恢复和超量恢复，才能在形态、机能、素质、技术、战术和心理过程发生需要的变化（即适应性变化）。当前世界各国非常重视恢复训练，并作为训练内容之一而列入训练计划。同时，恢复训练还有助于防止过度疲劳和伤害事故的发生。

2. 恢复训练的手段

恢复训练的手段从实际操作来看共分为三大类：

（1）一般教育学手段

一般教育学手段包括放松活动、训练次数与时间的安排，调整运动员负荷与间歇时间，安排好睡眠、休息环境及其他事项。

（2）医学生物学恢复手段

医学生物学恢复手段包括伙食营养、按摩、热敷、淋浴、紫外线照射等。

（3）心理学手段

心理学手段包括放松训练、呼吸调节、催眠暗示、心理调节等。

# 第三节　体育运动训练的基本原则

运动训练原则是运动训练实践经验的总结和概括，是运动训练客观规律的反映，是组织和进行训练工作必须遵循的基本准则。

现代运动训练实践证明，是否根据训练的客观规律科学地进行训练，是确保训练效果，提高运动技术水平的关键。贯彻并运用训练原则，可以使训练工作更符合客观规律，保证训练的科学性，提高训练质量。反之，则会严重影响训练的效果，甚至损害运动员的身体健康。因此，在制定训练任务，编制训练计划，选择与安排训练内容，运用各种训练方法，确定与安排运动负荷，组织与进行各种训练作业时，都应根据专项运动特点和运动员实际情况，灵活地贯彻运动训练原则。

运动训练的原则有：一般训练与专项训练相结合的原则、不间断性原则、周期性原则、合理安排运动负荷的原则和区别对待的原则，这些原则对运动训练具有普遍指导意义。

## 一、一般训练原则与专项训练相结合的原则

### （一）一般训练原则

一般训练原则是指根据专项运动的需要，选用多种多样内容和方法进行的训练。目的是增进运动员的健康、提高身体各器官系统的机能、全面提高身体素质和改善体型，以及掌握体育的基本知识和技术，为进行专项训练、提高专项运动成绩打好基础。

专项训练是指采用专项运动及与专项运动技术结构相似的内容、手段进行的训练。其目的是提高专项运动所必需的身体机能，发展专项身体素质，掌握专项运动理论、技术和战术，以确保专项运动成绩的不断提高。

### （二）一般训练和专项训练的关系

一般训练和专项训练的内容、手段及所起的作用是不同的：前者较为广泛，对身体的影响全面而一般；后者专门化的性质强。二者都是为了发展专项运动能力，提高专项运动成绩。二者对提高运动员训练水平都有一定的作用，又各有不足之处，若密切结合，则可起到互补不足、互相促进的作用，有利于运动员运动成绩的提高。

注重一般训练，在多年和全年训练中要合理地安排一般训练内容，在初级训练阶段，优秀运动员的恢复性训练尤为重要。在初级训练阶段，重视一般训练，是为了使运动员神经系统形成较丰富的暂时性神经联系，使运动员掌握较多的动作方法，进而获得较全面的动作储备。这是专项运动成绩赖以提高的基础。

一般训练与专项训练相结合的原则，对少年儿童来说有着特殊的重要性。国内外的运动训练经验表明：许多高水平的优秀运动员，在少年时期，都进行了多项训练，全面发展了身体素质，掌握了多项运动机能；然后在专项训练中，又重视一般训练，所以才创造了优异的运动成绩。少年儿童的运动训练，既要重视专项训练，更应重视一般训练，打好基础，这才是不断提高运动成绩的战略措施。

### （三）提出原则的主要理论依据

1. 有机体的统一性

有机体各器官系统之间是互相联系、互相影响的。任何一项运动对运动员各器官系统的影响，在不同程度上都有一定局限性，只有进行一般训练，采用多种多样的训练内容、手段，才能弥补专项训练的不足和保证专项训练的顺利进行及成绩的不断提高。

2. 运动机能的转移

动作机能是后天建立和形成的复杂的条件反射。动作机能储备得越多，建立得越巩固，就越有利于运动员学习和掌握新的动作技能。因此，进行一般训练，有选择地让运动员学习掌握一些非专项技术，更有利于运动员学习、掌握专项运动技术和战术。

3. 运动素质的转移

运动员的一般运动素质获得全面发展，就更有利于其专项运动素质的提高。

4. 能积极地调整训练过程，防止伤病

只进行专项训练，容易造成机体的局部负担过重和中枢神经系统的疲劳，运动员会感到训练枯燥乏味。配合专项训练，进行一般训练，能起到良好的作用，以提高专项训练的效果，并有利于防止伤病，延长训练年限。

### （四）贯彻原则应注意的问题

（1）要重视一般训练。

（2）一般训练内容要反映专项化的特点，适应专项训练的需要。

（3）一般训练内容既要全面多样，又要结合专项的需要。

（4）一般训练和专项训练在多年和全年训练中都要进行。

（5）一般训练和专项训练组织的方法应多样化，符合少年儿童的特点。

## 二、不间断性原则

### （一）不间断性原则

不间断性原则是指运动员从开始训练直至运动寿命终结，始终坚持系统地、不间断地、循序渐进地组织训练过程的原则，该原则始终贯彻：从训练初期，到出现优异运动成绩，直至运动寿命的终结，都应根据训练结构中各因素间的内在联系，以及人体运动能力发展规律，有序且持续地进行训练。

### （二）提出原则的主要理论依据

1. 系统论基础

各运动项目的知识、技术、战术以及各运动素质发展都有其本身的内在联系和体系。只有根据这种内在联系和体系，循序渐进地进行训练，并逐步提高要求，才能取得良好的训练效果。

2. 机体适应性的积累

运动水平的提升是一个长期的训练适应性变化的积累过程。通过训练，运动员的机体在形态、生理、生化方面所产生的一系列适应性变化是一个由少到多，由低到高的渐进性的积累过程，只有不间断地进行训练，才能获得这一理想的适应性的积累。

3. 神经联系的建立对技战术的作用

运动员掌握运动技术、战术，实质上是暂时性的神经联系的建立，是条件反射的形成。训练中断就会使建立起来的暂时性神经联系减弱，条件反射就会消退，已掌握的技术、战术就会生疏，或者出现各种错误。这就是说已形成的条件反射就会消退。

### （三）贯彻原则应注意的问题

1. 坚持训练的连续性

运动训练要坚持常年不间断，保证训练的长期性和连续性，坚持训练的连续性，科学地安排训练和休息，以获得适应的积累效果。为此，在全年、多年训练中，我们必须要使整个运动训练过程的每次课、每个训练周、每个阶段、每个周期有机地联系起来，在运动员逐步产生明显适应的基础上，不断提升竞技能力，直至创造优异成绩。

2. 遵循系统训练规律

训练内容的选择和安排，训练手段的采用，以及运动负荷的增加，除必须考虑项目特点、对象条件外，还应按照它们本身的内在联系和本身的系统性，循序渐进地逐步提高训练要求。要根据训练内容的层次性、时序性，运动员训练程度的离差性、训练条件的变化性来全面考虑运动训练安排。

## 三、周期性原则

### （一）周期性原则

周期性原则是指整个训练过程按照一定的周期循序往复、周而复始的方式进行。每一个循环往复（也就是周期）并不是简单重复，而是一个由量变到质变的过程。它们之间既有联系又有区别，所谓联系，是指后一个循环是在前一个循环的基础上进行的，否则后一个循环就成了无源之水、无本之木；所谓区别，是指后一个循环高于前一循环，前后两个循环之间存在着明显的质的差别，否则就谈不上提高。

### （二）提出原则的主要理论依据

周期性原则主要是由竞技状态形成发展的规律确定的。

1. 竞技状态的概念

竞技状态是指运动员达到优异成绩所处的最适宜的准备状态。最适宜的准备状态是相对的，是对运动员自己成绩水平而言的。

2. 竞技状态的特征

（1）运动员机体各器官系统的机能达到最高水平，能最大限度地适应大负荷训练和比赛，机能活动更加节省化，恢复过程较快。

（2）运动员的运动素质和专项运动技术有机地结合起来了，通过专项技术能把运动素质最大限度地发挥出来，中枢神经系统有高度调节各器官系统的能力，完成动作准确、熟练、协调。

（3）运动员精力旺盛，情绪高涨，渴望训练和比赛，具有完成任务、夺取胜利的信心。

3. 竞技状态的形成和发展

竞技状态是通过训练而形成的。它的发展过程可分为三个阶段。

（1）获得阶段

它又可分为形成竞技状态的前提条件阶段和竞技状态形成阶段。

①形成竞技状态的前提条件阶段

在这个阶段中，运动员的机体能力不断提高，运动素质全面发展，专项运动技术、战术逐渐改善，专项运动所需要的心理素质初步形成，但它们彼此还不能有机地结合起来，在比赛中还不能充分发挥。

②竞技状态的形成阶段

在形成竞技状态的前提条件阶段之后，通过训练，竞技状态各因素得到进一步的发展和提高，并且具有专项化特点，彼此有机地结合起来，形成了一个统一的整体，能在比赛中充分发挥出来，这时，就基本上形成了竞技状态。

（2）相对稳定阶段

此阶段又称保持阶段，在这个阶段中，竞技状态所有特征都能较好地表现出来。能够创造优异成绩，但是它们还具有一定的波动性，有起有伏，下降是暂时现象，只要适当调整训练，即能恢复，甚至可能超过原有的水平。

（3）暂时消失阶段

竞技状态特征逐步失去，训练水平逐渐消退。这种消失是暂时的、相对的，只要训练安排适当，运动员的机体能力、技术、战术均能维持一定水平。

4. 竞技状态与训练周期

竞技状态发展的获得、相对稳定和暂时消失三个阶段成为一个周期。人们根据竞技状态发展这一规律，把竞技状态发展的一个周期作为一个训练周期，根据它的三个发展阶段划分为三个训练时期：即准备期（竞技状态的获得和形成阶段）、竞赛期（竞技状态的相对稳定阶段）、休整期（竞技状态的暂时消失阶段）。运动训练的计划与安排，其实质是控制竞技状态发展的过程。

人们习惯把这样一个训练周期叫大周期，时间一般为一年或半年。在大周期基础上建立多年训练周期。多年训练周期常以国内外大型体育比赛年限为依据。如奥运会、亚运会、全运会、大运会等为四年一次，四年就成为多年训练的周期。中小学常以小学、初中、高中阶段为年限，来确定多年训练周期。

在大周期基础上，根据训练的需要又分为中周期、小周期和训练课。

### （三）贯彻原则应注意的问题

（1）根据对象、项目特点和参加的重大比赛确定（全年）周期的划分，即确定全年为单周期或双周期。

（2）结合运动员训练水平，适当确定各个训练时期的时间。

（3）要科学地安排每一训练周期的内容、比重和运动负荷，并使各个周期之间互相衔接。

（4）结束一个周期的训练要做好总结，以便为制订下一周期的训练计划提供依据。

## 四、合理安排运动负荷原则

### （一）合理安排运动负荷原则

合理安排运动负荷原则是指在训练过程中，根据训练任务和对象的特点，适宜安排训练的负荷与休息，逐步地、有节奏地加大运动负荷，直至最大限度。

现代运动训练实践证明，数量多、强度大的负荷训练，是提高运动成绩的关键问题。所以合理安排运动负荷作为一个原则在国内外运动训练中得到普遍运用。

### （二）提出原则的主要理论依据

1. 超量恢复的原理

运动员的有机体在承担了一定的负荷以后，将经历疲劳—恢复—超量恢复过程。要使有机体产生的疲劳得到恢复和超量恢复，必须在有机体承担一定的负荷后，安排一定的休息时间，使负荷和休息交替进行，对负荷也要做到科学合理的安排，现代运动训练的实践和科学研究表明，运动员机体形态机能的改善和提高，以及技术的掌握，必须在一定负荷量和负荷强度的刺激下才能实现。而且，在一定范围内负荷越大，刺激越深刻，产生超量负荷的水平越高，因此，还要有极限负荷的刺激。

2. 训练适应的规律

有机体在训练中承担运动负荷后，有一个适应过程。当机体适应了这一负荷后，就会出现机能“节省化”现象。如果运动员的机体适应以后，负荷停止在一个水平上，不再提高运动负荷，则机体的机能能力就不能进一步提高，运动成绩也将难以提高。只有施加更加强烈的刺激，使有机体产生新的适应，才能提高机能水平，提升运动成绩。但是，训练中运动负荷如果不是逐步提高，而是提高过快、过猛并超出了运动员机体所能承受的最大限度，同样也不能产生新的适应。这不但提高不了运动成绩，而且还有损运动员的健康。

### （三）贯彻原则应注意的问题

（1）根据运动员的负荷能力和具体情况，正确规定运动负荷。

（2）运动负荷的增加要由小到大、循序渐进、逐步提高，形成一个“加大、适应、再加大、再适应”的过程。

（3）安排负荷要考虑运动项目特点，不同的训练时期和训练任务，处理好负荷量和负荷强度的关系。

（4）根据超量负荷、超量恢复的规律，科学地安排训练和休息。

（5）加强医务监督，对运动员进行有关生理卫生知识的教育。

## 五、区别对待原则

### （一）区别对待原则

区别对待原则是指在训练中要依据运动员的年龄、性别、身体条件、训练水平、思想状况和个性特征等特点，科学地确定训练任务、内容、手段、方法和运动负荷。

### （二）提出这一原则的主要理论依据

1. 运动员的个体差异性

运动训练基本上是一个个人训练过程。运动员的条件千差万别，他们的起点不同，发展也不一样，只有区别对待，有针对性地进行训练，才能收到良好的效果。

2. 一些球类集体项目的分工不同

球类等集体项目有位置和任务的不同，所以，对运动员的运动素质、技术、战术、心理品质的要求也不同，只有在集体协同训练的同时注意区别对待，才能训练出一支各具特色、又协同一致的队伍。

### （三）贯彻原则应注意的问题

1. 因人制宜，因材施教

深入了解和分析运动员的情况后，结合不同情况在训练中采用不同措施，因人制宜，因材施教。

2. 训练计划要反映全队和个人特点

训练计划既要有全队要求，也要有个人不同的安排，同时，对重点队员还可以制订专门的训练计划，这样训练中的任务、指标、内容、方法和措施就能更加切合实际。

3. 原则应贯彻到训练的各个环节中

在集体训练时，教练员既要照顾全队，促进运动员之间的竞争，又要根据实际情况有针对性地进行个人训练。在进行个人训练时，教练员除加强个别指导外，还要注意照顾全队的训练。

上述训练原则是相互密切联系的，训练中必须全面贯彻。现代运动训练是一个非常复杂的系统工程，其中有许多规律尚未被人们发现或尚未被人们完全认识，因此在训练过程中，一方面要结合实际，灵活地、创造性地贯彻这些原则，同时在运用这些原则时不断探索新的客观规律，不断丰富、发展和完善运动训练原则。

# 第四节　学校体育运动训练的要素

## 一、训练量

训练量是训练的主要组成部分之一，因为它是实现高水平技术、战术和身体的先决条件。训练量有时被错误地认为仅仅是指训练的持续时间，但实际上它包含以下部分：

（1）训练时间或持续训练的时间。

（2）行进的总距离或抗阻训练的总重量（即：训练负荷 = 组数 × 重复次数 × 重量）。

（3）运动员在规定时间内完成一项练习或技术动作的重复次数。

训练量的定义可以简单理解为：训练中完成活动的总量。训练量也可以被看作是一次训练课或一个训练阶段完成训练的总量。训练总量必须是量化的指标，具有可监控性。

训练量的准确计算依运动项目或活动类型而异。在耐力运动项目中（如跑步、自行车、皮划艇、越野滑雪及赛艇运动）确定训练量的单位是训练经过的距离；在举重或抗阻训练中，采用公斤或吨位制（训练负荷—组数 × 重复次数 × 重量）衡量训练量，这是因为仅考虑重复次数不能合理地评价运动员完成的训练任务。重复次数也可以用来推算运动中的训练量，如：快速伸缩复合式训练或棒球、田径等运动中的投掷动作。几乎所有的运动都会包含时间要素，但训练量的正确表达形式应该囊括时间和距离两个要素（如 60 分钟跑 12 千米）。

训练量的计算方法按照时间要素可以划分为以下两种：第一种是相对训练量，指一次训练课或训练阶段中一组运动员或运动队训练时间的总数，相对训练量不适用于计算单个运动员的训练量，因为无法得知单位时间内某一位运动员的训练量；另一种更好的衡量单个运动员训练量的方式是绝对训练量，它是指运动员个体在单位时间内完成训练任务的总量。

在运动员的职业生涯中，要不断增加训练量。运动员训练时间的增多，训练量的增加是运动员产生生理适应并提升运动成绩的前提。将初学者与高水平运动员进行比较后明显发现，高水平运动员能承受更大的训练量。随着时间的推移，训练量的增加对从事有氧运动、力量与功率项目、团队项目的运动员的发展具有重要的作用。同样，还需要增加技术和战术技能的训练，因为提高运动成绩需要进行大量的重复练习。

增加运动员训练量的方法有许多，以下是三种常见的有效方法：

（1）增加训练的密度（即训练的频率）。

（2）增加训练课中的负荷。

（3）同时增加训练的密度和负荷。

研究人员表明，只要不引起过度训练，在训练中尽可能多地增加训练次数非常重要。另一些研究人员明确表示，训练频率越高，越能产生更大的训练适应效果。增加每天训练课的次数同样有益于运动员的生理性适应。对于优秀运动员来说，每周进行 6—12 节训练课，每个训练日又包含多节训练小课是常见的。运动员的恢复能力是制订训练计划中运动量大小的主要决定因素，决定了在训练计划中制定多少训练量。高水平运动员之所以能承受大的运动量，是由于他们能够更快地从训练负荷中恢复过来。

## 二、训练强度

训练强度是运动员完成高质量训练的另一个重要训练因素。可米（Komi）将训练强度定义为与功率输出（即能量消耗或单位时间做的功）、对抗力量或发展速度有关的训练要素。根据这个定义，运动员在单位时间内做功越多，训练强度则越大。强度是神经肌肉激活的函数，训练强度越大（如更大的功率输出，更大的外部负荷）越需要更多的神经肌肉被激活。神经肌肉激活模式取决于以下四个要素：外部负荷、运动速度、疲劳程度及所从事的训练类型。另一个要考虑的因素是训练时的心理紧张程度，就训练的心理方面而言，哪怕是出现低水平的身体紧张，也会造成训练强度的极大提升，从而导致注意力的分散和心理压力的产生。

训练强度的量化方式根据训练类型和运动项目而定。速度训练通常用米/秒、次/分或功率输出（瓦特）来进行量化评定。在抗阻训练中，训练强度一般以公斤为单位、克服重力每米举起的重量（千克/米）或功率输出（瓦特）来量化。在团队项目中，训练强度通常用平均心率、无氧阈心率或最大心率的百分比来进行量化评定。

在年度训练计划的各个不同阶段中应包括不同的训练强度，特别是在小周期阶段，可以采用多种方法来量化和确定训练强度。例如，抗阻练习或高速度练习的训练强度可用最佳运动成绩的百分比来量化。这种方法认为最佳成绩意味着最大运动强度。再比如，一名运动员在 10 秒内完成 100 米冲刺，其速度则是 10 米/秒。如果这名运动员能以更快的速度跑完更短的距离（如 10.2 米/秒），其训练强度则被认为是超最大强度，因为它已经超越了 100% 的最快速度。

高强度训练虽然能取得很大的进步，但产生的适应较不稳定。稳定性越低，越容易产生过度训练和运动成绩的稳定平台现象。反之，低强度的训练负荷会使进步缓慢且生理适应的刺激较小，但整个过程却更稳定。训练计划应该系统地改变训练量及训练强度以达到最佳生理适应。

训练强度可划分为两种类型：绝对训练强度，是指完成训练所需的最大百分比；相对训练强度，是用来量化一节训练课或一个小周期的训练强度，即训练期完成的训练量总和及绝对训练强度。

## 三、训练密度

训练密度是单位时间内运动员接受训练课的频率。训练密度可表现出单位时间内训练与恢复的关系。因此训练密度越大，训练阶段间的恢复时间就越少。随着训练密度的不断增加，运动员和教练员必须建立训练与休息的平衡，从而避免引起过度疲劳或力竭，因为这些都会导致过度训练。

量化多次训练课（例如，在一个训练日或小周期）所需的最佳时间量非常困难的，因为许多因素会影响运动员的恢复速度。在下一次训练课开始之前，本次训练课的训练强度和训练量对确定所需的时间量起主要作用。训练课的负荷（即训练强度和训练量）越大，所需的恢复时间就越长。此外，运动员的训练状况、实际年龄、使用的营养干预及恢复干预都会影响到运动员的恢复能力。在下一次训练开始之前，不需要从上一次中完全恢复，一般通过增加训练密度，并在训练日或小周期中运用不同负荷的训练课来帮助恢复。

在耐力训练或间隔训练中，通常有两种安排“训练—休息”间隔的适宜方法：一种是固定的训练—恢复比率；另一种是恢复的持续时间，能使心率恢复到预设的最大心率百分比。

### （一）固定的训练——恢复比率

部分研究人员在研究间隔训练时运用了这一方法，通过控制训练—休息的间隔，教练员和运动员能够制订出发展特定生物能量适应的训练计划。用1 ∶ 1或2 ∶ 1的训练—休息比率来发展耐力项目的特征，而把1 ∶ 12或1 ∶ 20的训练—休息比率来发展力量和功率性项目的特征。

### （二）预设心率

决定恢复期时间长短的另一种方法是，在下一次训练开始前确定必须达到的心率。方法一，为下一次训练的开始设定心率范围（120—130 次 / 分）；方法二，设定恢复时间，即运动员的心率恢复到最大值的 65%所需的时间。

## 四、复杂性

复杂性指一项技能的完善程度及生物力学难度。在训练时，技术越复杂就越会增加训练强度。与掌握基本技能相比。学习一项复杂的技能可能需要更多的训练，尤其当运动员神经肌肉协调性差或在学习技能的过程中精力不完全集中时。让之前没有复杂技术训练经历的一群人参加该项训练，可以迅速地分辨出哪些运动员表现好，哪些运动员表现差。因此，运动或技能越复杂，运动员的个体差异与力学效率差别就越大。

即使以前已经学会了的复杂技术，也会产生生理上的压力。例如，艾尼赛尔（Eniseler）对足球运动员的研究表明，完成战术训练比完成技术训练的心率和乳酸堆积要高。在该项研究中，训练课的技术部分集中在没有对手的情况下进行技术练习。而在战术训练中，对手的存在显著地增加了训练的复杂性，因此心率和乳酸堆积也会增加。此外，在进行模拟比赛时，也会出现上述反应，但只有在实际的比赛中才会产生最大心率及达到最高乳酸水平。鉴于此，教练员在技术复杂性较高的训练或活动中应考虑到不同训练课的生理压力。

## 五、总体需求指数

训练量、训练强度、训练密度及复杂性都会影响训练中运动员的总需求。虽然这些因素相辅相成，但加强其中任何一种因素而其他因素不进行相应的调整，都可能增加运动员的需求。比如，在发展高强度耐力时，如果教练员想保持同样的运动强度，则应增加训练量。在增加训练量时，教练员必须考虑怎样增加训练量才会影响训练强度及训练强度必须要减少多少。

训练的计划和指导主要依赖于训练量、训练强度和训练密度三者的合理安排。教练员必须重点分析这些要素的变化曲线，尤其是训练量和训练强度。还应考虑到运动员的适应反应、训练阶段以及比赛的时间安排（赛程表）。训练要素的科学搭配可以让运动员在预计的时间达到最佳的训练效果，并获得最佳竞技能力。

训练量是实施训练计划成功与否的一个关键要素。身体、技术与战术训练的整合要进行大量的工作，这些工作是刺激生理性适应，提高运动能力所必需的。教练员必须针对运动员的特点设置个性化的训练负荷，因为每一位运动员对训练量、训练强度和训练密度的承受能力都不尽相同。

在运动员的运动生涯中，必须渐进地增加训练量、训练强度和训练密度。如果这些要素急剧增加可能导致过度训练。因此，必须要遵循区别对待原则和循序渐进原则。

为了确定训练计划的有效性，教练员一定要监测训练负荷和运动成绩测试的结果。教练员还要计算出训练课的密度或战术和技术训练中要练习的技术的复杂性在训练负荷中所占的比例。在许多运动项目中（如足球、英式橄榄球）监测心率是逐渐被普遍采用的有效方法，用监测到的心率来计算训练和比赛的强度。教练员要对增加训练量和训练强度的因素进行监测，并将它们与休息及恢复有机协调起来。教练员还应考虑促进身体恢复的方法和能量再生所需要的时间。

# 第六章　现代学校体育运动训练的方法

训练方法是教练员和运动员为完成训练任务，提高专项运动成绩，达到训练目的而选择的途径和采用的方法。

在当今，运动训练高速发展，训练条件日趋相近的情况下，运动训练的效果在很大程度上取决于训练方法的优劣和运用的正确与否。所以，教练员必须熟练地掌握、正确地运用各种训练方法，以保证训练达到预期效果，如期完成训练任务。

由于运动训练实践的不断发展，运动训练方法颇多，但常用的训练方法主要有以下几种：重复训练法、持续训练法、间歇训练法、变换训练法、竞赛训练法和综合训练法。

## 第一节　重复训练法

### 一、重复训练法

重复训练法是指在不改变动作结构和负荷数据的情况下，按照一定的要求，反复地练习同一动作的方法。重复训练法在两次练习之间的间歇时间，并无严格规定，但是，原则上应使运动员的机体能够得到基本恢复。构成重复训练法的因素有：重复练习的距离、时间、次数、强度和间歇时间等。

### 二、重复训练法的特点

每次练习的动作结构和负荷数据不变；每次练习的强度较大，可用极限或次极限强度；间歇时间要充分，使机体得到基本恢复。重复训练法主要应用于周期性和非周期性的项目训练，以及身体训练、技术和战术训练。

## 三、重复训练法类型

根据单次练习时间的长短，可将重复训练法分为：短时间重复训练方法、中时间重复训练方法和长时间重复训练方法三种类型。

### （一）短时间重复训练方法的应用

短时间重复训练方法普遍适用于磷酸原系统供能条件下的爆发力强、速度快的运动技术和运动素质的训练。所有体能主导类速度性或力量性运动项群的技术、素质训练，所有技能主导类对抗性和表现性运动项群的高、难技术的训练和有关的速度素质和力量素质的发展，都以此作为主要的训练方法。

### （二）中时间重复训练方法的应用

中时间重复训练方法普遍适用于糖酵解供能条件下的运动技术、战术和素质的训练。中时间重复训练方法还普遍适用于运动员学习、形成和巩固动作强度较低的运动技术，适用于运动员掌握局部配合的运动战术。同时，该方法同样普遍适用于比赛成绩为 30 秒—20 分钟的体能主导类运动项群的技术和素质的训练。当然，对该类项群的训练，还应辅以短时间和长时间的重复训练方法。

### （三）长时间重复训练方法的应用

长时间重复训练方法主要适用于无氧、有氧混合供能系统条件下的运动技术、战术、素质的训练工作。该法还适用于体能主导类（2 分钟—5 分钟）耐力性运动项群的技术、素质的训练。当然，该法辅以中时间重复训练方法或持续训练法时，更具有独特效果。

## 四、运用重复训练法应注意的问题

（1）明确目的，正确规定练习的数量、距离、时间、重量重复次数、负荷强度等。

（2）根据训练任务确定重复训练法的要求。

（3）根据运动员身体的实际情况确定运动负荷。

（4）重复练习时，应根据训练实际情况加强技术指导，不断提出新的要求，逐步提高练习的质量。

（5）间歇时间要充分，第一次练习后，当心率降到 110 次 / 分以下时，再进行第二次训练。

（6）加强思想教育。重复训练法比较单调、枯燥，对于少年儿童要采取教育手段，培养他们的兴趣，充分调动他们的积极性。

# 第二节　持续训练法

## 一、持续训练法

持续训练法是指在相对较长的时间里，用较稳定的措施，以强度不太大的要求，连续进行练习的方法。

## 二、持续训练法特点

持续训练法的主要特点是练习时间相对较长，一次连续练习的量比较大，但强度不太高，一般应在60%左右。根据这一特点，持续训练法对机体刺激所产生的影响比较缓和，训练效果产生得慢，但效果比较稳定。

持续训练法多用于周期性项目，也可用于非周期性项目的单个动作或成套动作，另外多用于发展耐力素质和学习、掌握动作技术、战术以及巩固、提高的训练中。

## 三、持续训练法类型

根据训练持续时间的长短，持续训练法可分为三种基本类型，即短时间持续训练方法、中时间持续训练方法和长时间持续训练方法。

## 四、持续训练法的应用

### （一）短时间持续训练方法的应用

短时间持续训练方法广泛应用于体能主导类项目的运动素质训练之中，也适用于技能主导类运动项群中动作强度较高的素质、技术和战术的训练工作。

### （二）中时间持续训练方法的应用

中时间持续训练方法普遍适用于技能主导类运动项群各个项目中多种技术的串联、攻防技术的局部对抗、整体配合战术或技术编排成套的技术或战术训练以及体能主导类耐力性运动项群训练。

### （三）长时间持续训练方法的应用

长时间持续训练方法对于体能主导类耐力性运动项群具有直接训练的价值。在实践中，长时间持续训练方法具有三种典型的变化形式，即匀速持续训练、变速持续训练和法特莱克训练。其中，长时间持续训练方法中的匀速持续训练、变速持续训练形式与中时间持续训练方法的主要不同之处是：负荷强度相对更低，负荷时间相对更长，训练场所变更较多。

## 五、持续训练法应注意的问题

（1）对于少年儿童运动员，运用持续训练法时，其负荷量与强度要进行控制，不要太大。

（2）运用学习提高技术、战术、发展耐力时，一般以延长练习时间为主，其次是有控制地提高强度。

（3）要根据不同训练水平运动员的具体情况以及训练所完成的具体任务，确定不同的练习程度和练习时间。

# 第三节　间歇训练法

## 一、间歇训练法

间歇训练法是指在一次或一组练习方法之后，按照严格规定的间歇时间进行休息，在运动员机体尚未完全恢复的情况下进行下一次或下一组练习的方法。间歇训练法广泛地运用在周期性项目和球类项目中，主要用来发展心血管系统的功能和运动素质。

## 二、间歇训练法的构成因素

（1）每次练习的距离或时间。

（2）每次练习重复的次数和组数。

（3）每次练习的负荷强度。

（4）每次或每组练习的间隔时间。

（5）间歇时的休息方式。

## 三、间歇训练法的主要特点

（1）负荷与休息交替进行，而休息有严格的时间规定，在机体尚未完全恢复的情况下就进行第二次负荷。

（2）每次负荷的时间不长，而负荷的强度可以根据训练所需要解决的问题进行安排和调整。

（3）间歇时，主要采用积极性的休息方式。

## 四、间歇训练法应注意的问题

### （一）儿童训练不宜用此法

间歇训练法一般来说强度较大，儿童训练要少用或不用。对少年运动员进行间歇训练时，要正确确定每次练习的距离、重复次数、负荷强度、间歇时间与休息方式。最好是加强医务监督工作，以便取得理想的训练效果。

### （二）间歇训练后的休息方式

最好是积极的走、慢跑等，以加速血液的回流，防止出现重力休克情况。

### （三）不同的训练方案交替使用

运动员对某一间歇训练方案适应之后，应变化各因素的参数，采用新的间歇训练方案，以不断提高训练水平。

# 第四节　变换训练法

## 一、变换训练法

变换训练法是指在练习过程中，有目的地变化练习的负荷、动作组合以及变换练习的环境、条件而进行训练的方法。

## 二、变换训练法的构成因素

（1）练习的量和强度。
（2）动作组合。
（3）训练环境。
（4）训练条件。

## 三、变换训练法的特点

通过负荷、动作组合、环境、条件等因素的变化，对运动员有机体产生多种作用，达到多种训练效果。

变换训练法应用范围广泛，周期性、非周期性运动项目均可以采用。发展素质，学习技术、战术也可以采用。

## 四、变换训练法应注意的问题

（1）要根据训练的具体任务和训练中运动员存在的主要问题，有目的地变换练习的负荷、动作组合和环境条件。

（2）变换训练因素，应有利于技术、技能的学习、巩固与提高，以及身体素质的发展。

（3）在运用变换训练法学习、掌握和矫正动作技术时，要掌握好训练时间，当达到训练目的后，要及时恢复到正常情况下进行练习，避免由于训练因素的改变，形成与比赛要求不同的动力定型。

（4）变换训练法能提高练习兴趣，在训练中，教练员要避免运动员分散注意力，应牢牢地集中到练习的目的上来。

# 第五节 竞赛训练法

## 一、竞赛训练法

竞赛训练法是指在比赛的条件和要求下进行训练的方法。竞赛训练法能有效地提高运动员创造性地运用知识、技术和战术的能力以及身体训练水平，而且对培养运动员适应比赛的复杂环境，提高训练的实战性都具有重要意义。

## 二、竞赛训练法的种类

根据训练的目的与任务的不同，被广泛运用的竞赛训练法有：游戏性竞赛、训练性竞赛、身体素质比赛、技术和战术比赛、非专项性比赛、与高水平运动员进行练习的比赛、测验性比赛和适应性比赛等类型的竞赛。

## 三、竞赛训练法应注意的问题

### （一）竞赛训练法的选择

根据训练和比赛的任务，选用不同类型的竞赛训练法。巩固技术、战术可采用技术、战术比赛法；检查身体训练效果可采用身体素质比赛法；为参加好比赛就采用适应性比赛法。

### （二）运动员的思想、品德和作风的培养

在竞赛训练中，运动员的各种问题很容易暴露出来，教练员要不失时机地进行教育。

### （三）防止伤害事故及产生过度疲劳

采用竞赛训练法，运动员情绪高涨，比赛激烈。因此，要注意防止伤害事故。竞赛训练法的运动负荷过大，因此，要控制好比赛次数和时间，避免产生过度疲劳。

# 第六节　综合训练法

## 一、综合训练法

各种训练方法在训练实践中的综合运用，叫作综合训练法。综合训练法能更灵活地调节运动负荷与休息，使之符合练习内容的要求，进而有效地提高身体素质和提高运动技术水平，使训练取得良好的效果。

综合训练法的主要组织形式有三种：循环练习法、组合训练法、模式训练法。

### （一）循环练习法

1. 概念

循环练习法是指根据训练的具体任务，有目的地建立几个或多个练习“站”，每“站”由一个或几个练习组成，练习时按规定的顺序、路线，每个“站”所规定的练习数量、要求与方法一“站”一“站”地进行练习，如此循环一周或几周的方法。运用循环训练法，能有效地发展各项身体素质，提高心脏、血管和呼吸系统的机能，同时可使身体各部位的肌肉得到锻炼，又能使局部肌肉负荷与休息得到交替，并能加强少年儿童的练习兴趣，有助于推迟疲劳的产生。

2. 循环训练法应注意的问题

（1）要根据训练任务，安排各人“站”的练习，并突出重点。

（2）选择的内容，一般是运动员已经掌握了动作，这样才有利于提高训练效果。

（3）选择的内容要注意全面性，使之有利于运动员素质的全面提高和发展。

（4）要科学地安排运动负荷。根据训练任务、对象的实际和练习特点来确定运动负荷。一般一个练习点练习量为本人极限负荷的 1/2 或 1/3，高水平运动员可以是 2/3，练习周数不宜过多。

（5）运用循环练习法，应严格要求动作的规格和质量。

## （二）组合练习法

1. 概念

组合练习法是指根据各种训练方法的特点，组合两个以上的训练方法而成的一种新的训练方法。

2. 组合方式

（1）持续训练法与变换训练法的组合。

（2）重复训练法与变换训练法的组合。

（3）间歇训练法与变换训练法的组合。

（4）持续训练法与间歇训练法的组合。

（5）重复训练法、变换训练法、持续训练法的组合等。

（6）持续训练法、间歇训练法、变换训练法的组合等。

3. 组合训练法应关注的问题

（1）教练员要透彻了解各种训练方法的特点、作用及组合后的基本特性，使之符合要解决的具体任务。

（2）运用这种训练方法的运动员，要具有一定的训练水平。因为，这种训练方法不容易控制练习的量与强度。

（3）组合训练的设计，要符合比赛对机能、技术运用的要求。各个运动项目对素质、技术的要求不同，不针对专项比赛特点的需要来组合训练方法，组合训练法就失去了意义。

## （三）模式训练法

1. 概念

模式训练法是以优秀运动员创造优异运动成绩所起作用的各种因素为模式，对运动员使用定向训练的方法。这些因素包括从事运动的年龄、身体条件、开始专项训练的年龄、各项身体素质的指标，训练过程中各个阶段的身体素质、技术、战术，以及与某一专项有密切关系的其他因素的指标等。事先进行收集或测定，然后将所得到的数据进行处理，从而得出各因素的具体指标及各个因素在某专项训练中应占的地位和所起的作用，制定出优秀运动员的模式，再根据模式要求，来选拔和训练运动员。

模式训练是把控制论引入体育领域，结合训练实践创造出来的。这种训练方法，可以使教练员定期将运动员在训练中所表现的各种状态、数据与“模式”标准进行比较，以便早日发现问题，及时采取措施进行修正，使训练向既定的方向发展。这比单纯靠经验训练、指导要更科学，训练的成功率也较高。

2. 模式训练的做法

可以分为制定模式和实施训练计划两步。

（1）制定模式

制定模式指标：

分析优秀运动员成绩中的各个因素及其地位、作用，定出各项因素的总指标，再定出各年龄阶段的各因素指标。

制定模式训练计划：

测定训练运动员的各因素指标，与模式各因素指标进行分析比较，找出运动员的优势与差距，制订出训练计划。

（2）实施训练计划

依据训练计划进行训练。在训练过程中，要定期对运动员的各因素进行测定与分析，若发现问题，即发现与模式有偏差，应立即查找原因，修订训练计划，保证运动员各因素及成绩向模式方向发展，达到最终实现模式成绩的目的。

在运动训练实践中，训练方法是十分丰富的。教练员应从运动训练的特点出发，深入研究训练内容，从有效地完成训练任务出发，创造性地运用各种训练方法，并在训练实践中创造和发展新的训练方法。随着世界体育运动向新的层次发展，世界各国都非常重视训练方法的研究。希望我国广大的体育教练员勇于探索，不断进取，创造出更多的适合我国国情的训练新方法。

# 第七章　高校基础运动实践指导

## 第一节　田径运动实践指导

### 一、田径运动的基本概况

田径运动是体育运动的重要组成部分，是最古老的体育运动项目之一，是人类在社会实践中逐步产生和发展起来的最基本的运动项目之一，逐渐成为人类生活、工作、军事中的基本技能。现代田径运动是指由走、跑、跳、投与全能所组成的运动项目，是一种结合速度与能力、力量与技巧的综合性体育运动。

田径运动是各类体育运动项目的基础，其基本运动形式为走、跑、跳、投，分个人和集体项目，每个项目都有自身的特点，突出地反映人的速度、力量、耐力等某一方面的能力，优秀学生运动员训练和比赛大多围绕一个专项。对于大学生而言，参加田径项目，能全面地、有效地提高人的身体素质和发展运动技能，而且田径项目不受人数、年龄、性别、季节、气候等条件影响，便于在高校中广泛开展。

### 二、田径运动技术教学指导

#### （一）跑类项目技术教学

1. 短跑技术学练

（1）起跑技术

短跑运动的起跑包括起跑前的准备姿势和起跑动作，要求反应快，起动有力，使身体由静止状态获得最大向前冲力（初速度）。因此起跑技术对全程速度和成绩影响很大。根据田径比赛的规则，田径短跑项目中的起跑必须采用蹲踞式起跑，它包括“各就位”“预备”“鸣枪”（跑）三个过程，具体如下：

①各就位

“各就位”口令是要求学生在比赛中做好比赛准备的第一步，也是短跑起跑的第一个过程。当学生听到“各就位”的口令后，要轻松有自信走到起跑线前，把有力的脚放在前面，身体下蹲，两手在起跑线前撑地，两脚前后分开约一脚半的距离，左右距离大约为10厘米，后膝跪地，两臂伸直，两手相距与肩同宽或稍宽于肩。四指并拢与拇指成八字形张开，虎口向前、头微低、颈放松，肩约与起跑线平齐、背微弓，两眼看下前方40～50厘米处，注意听“预备”的口令。

②预备

“预备”口令是要求学生做好起跑准备的提示，当学生听到“预备”的口令后，两脚用力后蹬，后膝抬起，臂部提起稍高于肩，背微隆起，重心前移，两肩稍过起跑线。这时体重就要落在两臂和前腿上。前后腿、大小腿的夹角分别约为90°和120°左右，注意力高度集中听枪声。

③鸣枪

当学生听到枪声后，两手迅速推离地面，屈肘前后有力摆动，同时两腿快而有力地蹬地，然后后腿以膝部领先迅速向前上方摆动。前腿充分蹬直，使髋、膝、踝关节成一直线，上体保持较大前倾。后腿前摆至最大程度后，大腿积极下压，用前脚掌在身体重心投影后下方落地。刚开始跑时注意步幅不宜过大，上体要在起跑过程中逐渐抬起。

（2）途中跑技术

短跑运动的途中跑是整个快速跑中的主要阶段，在途中跑过程当中，学生应尽量放松，腿部动作幅度大，步子频率快，前脚掌积极而富有弹性地落地，用踝、膝积极缓冲过渡到后蹬。后蹬时摆动腿应迅速有力地向前上方摆出，积极带动髋关节前送迅速伸展膝、踝关节，最后用脚趾蹬离地面。后蹬角约为50°左右。两臂的摆动有助于维持身体平衡、加快步频和加大步幅作用。摆臂时两手半握拳，肘关节自然弯曲成90°，以肩为轴快速有力地前后摆动。跑动中面朝前方，目视终点，颈部放松，躯干保持正直或稍前倾。注意动作轻松有力，协调自然，步幅要大，频率要快，重心平稳，跑成直线。呼吸要短而快，千万不可憋气。

（3）终点冲刺技术

短跑运动的终点冲刺是全程的最后阶段，一般为15～20米。技术和途中跑基本相同，但要加强两腿蹬地力量和两臂的摆动，上体可适当前倾，到离终点最后一步时，上体要迅速前倾，撞终点线应用胸或肩部位触及。

2. 中长跑技术学练

（1）起跑技术

起跑是中长跑运动的第一个运动过程，通常采用“半蹲式”起跑或“站立式”起跑两种起跑方式。

①“半蹲式”起跑

学生到起跑线后，有力的脚在前，站在起跑线后沿，另一脚向后站立，两脚前后距离约一个脚掌。前腿的异侧臂支撑地面，支撑地面的手将拇指与其他四指分开呈“人”字形撑在起跑线后沿，另一臂放在体侧。这时的体重主要落在支撑臂与前腿上。这种姿势比较稳定，不容易由于重心不稳而导致犯规。听到发令员枪响后，两腿迅速并行蹬伸，后面的腿积极屈膝前摆，两臂则配合两腿的蹬摆动作进行屈臂前后摆动，整个身体向前俯冲，以便于在较短的时间内获得较快的初速度。

②“站立式”起跑

学生到起跑线后，两脚前后开立，有力的脚在前，脚尖紧靠起跑线后沿，前脚跟和后脚尖之间的距离约为一个脚掌长，两脚左右间距约为半个脚掌长（15 ~ 20 厘米）。体重大部分落在前脚掌上，后脚用脚尖支撑站立。两腿弯曲，上体前倾，头部稍抬，眼看前面 7 ~ 8 米处，身体保持稳定姿势，集中注意力听枪声。这时两臂的姿势有两种：一种是前腿的异侧臂在前，同侧臂在体侧；另一种是两臂在体前自然下垂。听到鸣枪或“跑”的口令时，两脚用力蹬地，后腿蹬地后迅速前摆，前腿充分蹬直，两臂配合两腿动作快而有力地摆动，使身体迅速向前冲出，以获得较快的初速度。

（2）加速跑技术

加速跑是学生在中长跑运动中获得较快的途中跑速度的重要技术环节，在加速跑的过程中，上体前倾稍大，摆腿、摆臂和后蹬的动作都应迅速而积极。加速跑的距离主要根据项目、个人特点与比赛情况而定。一般 800 米要跑到下弯道才结束；1500 米跑到直道末才结束，然后进入匀速而有节奏的途中跑阶段。

（3）途中跑技术

途中跑是中长跑运动的主要部分，对于学生来讲，掌握途中跑的技术非常重要。学生中长跑运动途中跑技术的学练具体如下：

①上体姿势

在途中跑过程中，学生的上体自然挺直，适度前倾 5° 左右，跑的距离越长，上体前倾角度越小，胸要微微向前挺出，腹部微微后收，头部自然与上体成一直线，颈部肌肉放松，眼平视。尽量避免上体左右转动或扭动，后蹬时髋前送，以提高后蹬效果。

②摆臂

在途中跑过程中，学生的臂的摆动应和上体及腿部动作协调一致。正确摆臂能维持身体平衡，并有助于腿的后蹬。中长跑时，两臂稍离开躯干，肘关节自然弯曲，半握拳，两肩下沉，肩带放松，以肩为轴前后自然摆动，前摆稍向内，后摆稍向外，摆幅要适当，前不露肘、后不露手。摆臂动作幅度应随跑速大小而变化，感到疲劳时，可改为低臂摆动，以减少疲劳。

③腿部动作

中长跑的途中跑大致可以分为三个阶段，即后蹬阶段、腾空阶段和落地缓冲阶段。

后蹬阶段：当身体重心移过支撑点以后，支撑腿就进入了后蹬阶段。当摆动腿通过身体垂直部位继续向前摆动时，支撑腿的各关节要迅速伸直。后蹬时各关节要充分伸直，首先从伸展髋关节开始，在摆动腿积极前摆的配合下向前送髋，腰稍向前挺，此时膝关节、踝关节也积极蹬直，这样能够适当地减少后蹬角度，获得与人体运动方向一致的更大水平分力，推动人体更快地向前移动。在后蹬结束时，后蹬腿完全伸直，上体、臀部与后蹬腿几乎成一直线，摆动腿使小腿与蹬地腿呈平衡状态。

腾空阶段：后蹬腿蹬离地面后，人体进入腾空状态。其任务是最大程度地放松蹬地腿的肌肉，并积极省力地将大腿向前上方摆出。当后蹬腿的大腿向前上方摆动时，膝关节的有关肌肉群放松，小腿顺惯性与大腿自然折叠。当摆动腿的大腿摆至与地面垂直时，骨盆向摆动腿一侧下降，摆动腿的膝关节低于支撑腿的膝关节。这样摆动腿一侧的膝关节比较放松，使肌肉用力与放松交替控制得好。

落地缓冲阶段：当大腿膝盖摆到最高位置后开始下压时，膝关节也随之自然伸直，用前脚掌做“扒地式”的着地。当脚与地面接触之后，膝关节和踝关节弯曲，脚跟适度下沉，脚着地点更靠近重心投影点，落在重心投影点前一脚左右的地方。跑时可用脚掌外侧着地过渡到全脚掌，也可用全脚掌着地，着地动作要柔和而有弹性，两脚应沿着直线落地。落地后立即进入下一个后蹬阶段——腾空阶段——落地缓冲阶段的循环。

（4）弯道跑技术

中长跑运动中约有一半以上的距离是在弯道上进行的，在跑进时，学生要想克服沿弯道跑进时产生的离心力，身体可适当向左倾斜，跑速越快向左倾斜的角度越大。摆臂时，右臂向前摆的幅度稍大，前摆是稍向内，左臂后摆幅度稍大。摆动腿前摆时，右膝前摆应稍向内扣，左膝前摆稍向外展。脚着地时，右腿用前脚掌内侧着地，左腿用前掌外侧着地。弯道跑时，应靠近跑道的内沿，以免多跑距离。在比赛中最好不要选择在弯道上超越对手。

（5）终点跑技术

终点跑是学生在到达终点前的一段加速跑。动作要求基本上和短跑相同。这时学生已处于疲劳状态，此时学生依靠顽强意志冲向终点。跑的动作应该是摆臂加快而用力，加强腿的后蹬与前摆。由于中长跑的距离不等，学生可以根据个人的余力、场上情况和战术要求来决定冲刺的距离。一般情况下，800 米跑可在最后 200 ～ 250 米开始加速并逐渐过渡到冲刺跑。1500 米可在最后 300 ～ 400 米逐步加速。

（6）呼吸技术

学生在参加中长跑训练时，掌握好跑进时呼吸的节奏很重要。具体来讲，中场跑中正确的呼吸方法应该是口与鼻共同进行的，通常是采用微张口与鼻同时吸气，用口来呼气。在寒冷的季节里，吸气时为了避免冷空气直接从口腔进入体内，可采用卷起舌尖抵住上腭的口腔吸气方法来缓解冷空气吸入。呼吸的节奏应和跑步的节奏相配合。一般的，慢速跑时，可采用三步一呼、三步一吸的呼吸方式；快速跑时，可用两步一呼、两步一吸的呼吸方式。

## （二）跳跃项目技术教学

1. 跳远技术学练

（1）助跑技术

在跳远运动中，助跑的目的是为了获得最大的水平速度。跳远的助跑步幅要稍小些，频率要较快，身体重心较高，节奏性要强。助跑时应沿直线逐渐加速，跑到起跳板时应达到最高速度，为踏跳做充分准备。运动实践中，助跑距离的长短因人而异，一般的，男子助跑距离为 35 ～ 45 米，女子助跑距离为 30 ～ 35 米。

（2）起跳技术

学生在快速跑助跑的情况下，通过有利的助跑来获得必要的垂直速度，并尽量在保持水平速度的前提下，使身体腾起。在跳远中水平速度大于垂直速度，腾起角小于 45°，起跳是跳远技术的关键。当学生的助跑将要结束时，在助跑的最后一步，当摆动腿支撑时，起跳腿快速跑折叠前摆，上体正直或稍后仰。在起跳脚着地的刹那，由于助跑水平速度的惯性和身体重力的作用，产生很大的压力，迫使起跳腿的髋、膝、踝关节产生很快的弯曲缓冲，全脚掌迅速滚动，身体前移。两臂积极向上摆动至肩齐平时突然停止动作。摆动腿的大腿积极向前上方摆至水平位置，小腿自然下垂，完成起跳动作。

（3）腾空技术

学生起跳腾空后，身体应尽量保持平衡稳定，并做好落地的准备。上体正直，摆动腿屈膝前摆，大腿高抬并保持水平姿势，起跳腿自然放松地留在后面，成腾空步姿势。一般的，跳远腾空姿势主要有以下三种：

①蹲踞式

学生在腾空步以后，迅速将踏跳腿提至前方与摆动腿并拢，双腿屈膝向胸前靠近，同时上体稍向前倾。快要落地时两腿向前伸出，同时两臂向后摆。当脚跟触及沙面时，两膝很低地弯曲，两臂从后向前摆动，身体重心前移以保证平稳落地。

②挺身式

学生在腾空步后，摆动腿自然下落，小腿向前、向下、向后弧形摆动，使髋关节伸展，两臂向下、向后上方摆振。这时留在身体后面的起跳腿与向后摆的摆动腿靠拢，臀部前移，胸、腰稍向前挺，形成挺身展体的姿势。落地前两臂由后上方向前、向下、向后摆动，收腹举腿。上体前倾以保证能够平稳落地。

③走步式

在跳远运动中走步式跳远难度较大，要求学生在腾空阶段完成走步的动作，具体为当学生起跳动作完成后，身体呈现“腾空步”，处在身体前方的摆动腿应以髋为轴，用大腿带动小腿向下、向后方摆动，同时处在身体后方的起跳腿则以髋关节为轴，大腿向上抬摆，并且屈膝带动小腿前伸，完成两条腿在空中的交换动作。两臂也要配合两腿的换步进行绕环，以维持身体平衡。

（4）落地技术

跳远的落地技术有以下两种。

前倒落地：脚跟落地后，前脚掌下压，屈膝并向前跪，使身体移过支撑点后继续向前移动，身体前扑倒下。

侧倒落地：脚跟落地时，一腿紧张支撑，另一腿放松，身体向放松腿的一侧倒下。

2. 跳高技术学练

（1）助跑技术

助跑前应先熟悉助跑的距离，助跑弧线丈量方法要先确定起跳点。由起跳点向近侧跳高架方向平行横杆向前自然走五步，再向右转 90° 角向前自然走六步做一标志，再向前走七步画起跑点（最后一步一般比倒数第二步短 10 ~ 20 厘米）。从标志点向起跳点画一弧线（半径约为 5 米），即成最后四步的助跑弧线。跳高运动中，以背越式跳高为例，学生的助跑路线分前后两段，前段跑直线，后段跑弧线（最后三、四步）。用远离横杆的腿起跳。起跳点的位置一般离近侧跳高架的立柱 1 米、离横杆垂直向下投影点 50 ~ 80 厘米处。助跑的距离一般为 6 ~ 8 步或 10 ~ 12 步。起跑点和起跳点的连线与横杆夹角约为 70° 左右，弧线半径 5 米左右。

助跑过程中，助跑的前段应快速跑，跑法和普通加速跑相似。后段由于是跑弧线，所以身体向圆心倾斜，随着跑速愈快倾斜度愈大，前脚掌沿弧线落地。它的主要特点是身体重心高、步频快，小腿伸得不远，落地更为积极。这样便于保持较大的水平速度，有利于做快速跑有力的起跳动作，增加起跳的效果。由于是弧线助跑，起跳时身体侧对横杆，因而转体较为容易。整个助跑过程中身体应较松、自然、快速跑、准确。跑的过程中注意高抬膝关节。

（2）起跳技术

良好的起跳能使学生把助跑时所获得的水平速度转变为垂直速度，使身体腾空。学生的起跳动作可细分为起跳、脚着地缓冲和蹬伸三个阶段。当学生助跑到倒数第二步结束，摆动腿支撑地面后，在摆动腿迅速有力的后蹬推动身体快速跑前移的作用下，起跑腿迅速以髋关节带动大腿积极向前迈步，起跳脚顺弧线的切线方向踏上起跳点，以脚跟外侧领先着地并迅速滚动到全脚掌。同时两臂要配合摆动腿迅速向前上方摆起，重心快跟，上体积极前移，使起跳腿缓冲。跳时，起跳腿的髋、膝、踝关节必须充分伸直，这是直立腾起的关键，同时双肩倒向横杆，使骨盆比肩更迅速地上升而使身体尽量与地面保持垂直，身体重心轨迹与足迹重叠，以便为最后用力的蹬伸腾起创造有利条件。当身体重心移至起跳点上方时，起跳腿迅速而有力地蹬伸，完成起跳动作。注意起跳要求和助跑的最后几步要衔接紧凑。

（3）过杆和落地技术

一些学生在起跳后往往会由于起跳时摆动腿屈膝向异侧肩前上方的积极摆动，使身体腾空后逐步转为背对横杆的姿势，这时不要急于做过杆动作，而要努力保持身体的上升趋势。当肩和背高于横杆时，两肩迅速后倒，充分展髋，小腿放松，膝部自然弯曲，身体呈反弓形，背部与横杆成交叉状态，反弓仰卧在横杆上方，髋部的伸展动作要延续到臂部过横杆。当膝盖后部靠近横杆时，两小腿积极地向上举。含胸收腹，以肩背领先过杆，过杆后注意落垫时进行缓冲。

## （三）投掷项目技术教学

1. 推铅球技术学练

（1）握法和持球

以右手为例，握球时，五指自然分开弯曲，手腕背屈；把球放在食指、中指和无名指的指根处，拇指和小指自然地扶在球的两侧。握好球后，把球放在锁骨窝处，贴近颈部，手腕外转，掌心向外，手臂肌肉放松，握球要稳。

（2）预备姿势

推铅球的技术有侧向滑步投、背向滑步投和旋转投三种方式。这里重点介绍背向滑步的预备姿势。背向滑步的预备姿势通常有两种，具体如下：

①低姿势

学生持球背对投掷方向，两脚前后开立 50 ~ 60 厘米，右脚跟正对投掷方向，左脚以脚尖或前脚掌着地，左臂自然下垂或前伸，两腿自然弯曲，上体前俯，重心落在右腿上。两眼看前下方 2 ~ 3 米处。这种姿势容易保持平衡。

②高姿势

学生持球背对投掷方向，右脚尖贴近圆圈，脚跟正对投掷方向，重心在右脚上。左脚在后，并以脚尖或前脚掌着地，距右脚 20 ~ 30 厘米。上体正直放松，左臂自然上举或前伸，两眼看前下方 3 ~ 5 米处。这种姿势较为自然放松，能协调地进行滑步动作、提高速度。

（3）滑步技术

良好的滑步技术能使人体和铅球获得一定的预先过渡，并为最后用力创造良好的条件，提高成绩 1.5 ~ 2.5 米。

在做滑步前，学生可做 1 ~ 2 次预摆。当摆动腿向后上方摆出，上体自然前俯，左臂自然地伸于胸前。然后左腿回收，同时弯曲右腿，当左腿回收到接近右腿时，身体重心略向后移，紧接着左腿向投掷方向拉出，右腿用力蹬伸，当脚跟离地面后，迅速拉收小腿，右脚向内转扣，并用前脚掌着地，落在圆圈中心附近与投掷方向约成 130° 角。这时左脚要积极下落，以前脚掌内侧迅速地落在直径线左侧靠近抵制板处。两脚落地的时间越短越好，以利用动作连贯，并能迅速地过渡到最后用力。

（4）最后用力和投掷后维持身体平衡

在推铅球运动中，由于学生投掷铅球的方法不同，其最后用力维持身体平衡的方法也不同，以背向滑步技术为例，学生最后用力后的身体平衡具体如下：

当学生的左脚积极着地的一刹那，最后用力就开始了。在滑步拉收右腿的过程中，右膝和右脚就向投掷方向转动，右脚着地后还要不停地蹬转，并推动右髋向投掷方向转动。上体也逐渐向上抬起。在右髋的不断前送中很快地向左转体，挺胸抬头，左臂摆至身体左侧制动，两脚积极蹬伸，同时右臂将铅球积极推出，在铅球快离手时，手腕和手指迅速向外拨球。投球的角度一般为38° ~ 42° 。当球离手后，立即将右腿换到前面，屈膝、降低重心，以维持身体平衡。

2. 掷标枪技术学练

（1）握枪和持枪

①握枪

握标枪的方法主要有现代式握法和普通式握法两种，以右手投掷为例介绍如下：

现代式握法：现在国内外学生大都采用的握法是将标枪斜握在掌心，拇指与中指握住标枪绳把末端第一圈上端，食指自然地贴在标枪上，无名指与小指也自然握住绳把。

普通式握法：用拇指和食指握住标枪绳把末端的第一圈，剩余三个手指握住绳把。

②持枪

持枪的方法有很多，不管是哪一种持枪方法都应有利于持枪助跑发挥速度，有利于引枪并控制标枪的位置和角度，并保持肩部放松和持枪臂的放松。以下重点介绍肩上持枪法和腰间持枪法。

肩上持枪：把标枪举在肩上，弯曲的投掷臂和手腕控制标枪，标枪的尖部略低于尾部，整个标枪稍高于头部，放松手腕。

腰间持枪：握枪后将标枪置于腰侧，助跑时枪尖在后，枪尾在前，持枪助跑仍像平跑时那样前后摆臂，进入投掷步时再引枪，将枪尖对准投掷方向。这种方式引枪时，需翻手腕将枪尖对准前方，因此难度较大。助跑时肩、臂动作自然放松。

（2）助跑技术

同推铅球的滑步、掷铁饼的旋转一样，掷标枪的助跑的作用是给器械获得预先速度，并控制好标枪的位置，为引枪和超越器械创造良好的条件。掷标枪的助跑由两个部分组成。第一段是预跑，即持枪跑；第二段是标枪特殊的助跑，即投掷步。

①预跑阶段

掷标枪的助跑一般要 25 ~ 35 米。从第一标志到第二标志大约 15 ~ 20 米距离作为预跑阶段，通常跑 8 ~ 14 步。预跑段时，投掷臂持枪，上体稍前倾，用前脚掌着地，高抬大腿，蹬伸动作有力，动作轻快而富有弹性，并且助跑的节奏性要强，持枪臂和另一臂要与两腿动作进行协调配合，两眼平视，头部自然抬起。

学生在预跑段的助跑应是逐渐加速的，助跑的步长也要稳定，助跑阶段也要能控制，以便于完成投掷步和最后用力为前提。据有关资料介绍，掷标枪助跑时的速度，相当于本人最高跑速的 60% ~ 85%，就是适宜助跑速度。但这也得根据个人的技术熟练程度而定。尤其对初学者来说，预跑段的助跑速度更要控制，如果对技术熟练，可提高助跑速度。

②投掷步阶段

在掷标枪的投掷步过程中，包含着一个特殊的交叉步，为此，有人把掷标枪的投掷步叫作交叉步阶段。投掷步是从第二标志开始，到投掷弧这一段距离内的助跑。实际上是从预跑加速过渡到最后用力直至标枪出手这一系列的动作阶段。投掷步的任务是通过特殊的助跑技术，使下肢动作加快，在快速跑向前运动中完成引枪，并且通过投掷步形成身体超越器械，为最后用力和出手创造良好条件。投掷步通常跑 4 ~ 6 步，男子大约需 9 ~ 15 米，女子 8 ~ 13 米。投掷步一般有两种形式，具体如下：

跳跃式投掷步：该投掷步形式腾空时间较长，两腿蹬伸的力量大，有利于引枪动作和超越器械的完成，动作也比较轻快自如。但这种跳跃式的投掷步，要防止跳得过高，造成重心起伏过大，影响动作的直线性和连贯性。

跑步式投掷步：近似平常跑步，特别是向前速度较快，身体向前伸直，但不利于形成身体的超越器械。

（3）最后用力和标枪出手后的身体平衡

学生在投掷步的第三步右脚落地后，髋部顺向前惯性继续运动，身体继续向前运动，在身体重心越过了右脚支撑点上方时（左脚还未着地），右腿积极蹬伴用力。左脚着地时，左腿做出有力的制动动作，可加快上体向前的运动速度。右腿继续蹬地，推动右髋加速向投掷方向运动，使髋轴超过肩轴，并带动肩轴向投掷方向转动。在肩轴向投掷方向转动的同时，投掷臂快速跑向上翻转，使上体转为面对投掷方向，形成“满弓”姿势。此时投掷臂处于身后，与肩同高，与躯干几乎成直角，标枪处在肩上后方，掌心向上，枪尖向前。当学生的身体形成“满弓”姿态后，胸部继续向前，将投掷臂最大限度地留在身后，右肩部的肌肉最大限度地伸展。由于向前的惯性的作用，左腿被迫屈膝，但随即做迅速有力的充分蹬伸，同时以胸部和右肩带动投掷臂向前做爆发性“鞭打”动作，并使用力的方向通过标枪纵轴。

标枪出手后，保持身体平衡是全过程的结束动作。为了防止人体越过投掷弧而造成犯规，标枪出手后，右腿应及时向前跨出一大步，降低身体重心，以保持平衡。为了保证最后用力时学生可以大胆向前做动作而又不至于犯规，注意最后一步左脚落地点至投掷孤的距离应在 1.5 ~ 2 米之间，避免距离过远或过近。

## 第二节　体操运动实践指导

### 一、体操运动的基本概况

体操一词来源于古希腊语，古希腊人将从事锻炼的各项走、跑、跳、攀登、爬越、舞蹈、军事游戏的内容统称为体操，体操是当时所有运动的总称。这一概念沿用了较长时间。19 世纪末，欧美各国相继涌现了一些新的运动项目，并建立起“体育是以身体活动为手段的教育”的新概念。至此，体育一词才逐步取代原来体操的概念成为身体运动的总称，体操也从内容和方法上区别于其他的身体运动形式，形成自身独立的运动项目和现代的概念。

现代体操，指的是通过徒手、持轻器械或在器械上完成不同类型与难度的单个动作、组合动作或成套动作，充分挖掘人的潜能，表现人的控制能力，并具有一定艺术要求的体育项目。随着时代的变革，体操运动的项目和运动方式等得到了不断发展和完善。

现代国际竞技体操向难、新、美、稳相结合的艺术化方向发展。女子项目“男性化”，移植男子项目的动作，这就更加推动新技术的研究。可以预期，随着竞赛复杂化、选手年轻化与训练科学化等程度的不断加深，体操技术将会迅速发展到一个新的水平。

## 二、体操运动技术教学指导

### （一）体操初级技术教学

1. 技巧

（1）倒立

①肩肘倒立。坐撑，上体后倒，收腹举腿，当脚尖至头上方时，两臂在体侧下压，两腿上伸。至倒立部位时，髓关节充分挺开，臀部收紧，屈肘手撑背部，停住。

②头手倒立。蹲撑，两手在体前撑地与肩同宽，用头的前额上部在手前约等边三角形处顶垫。一脚稍蹬地，另一腿后上摆，接近倒立时，并腿上伸，身体挺直成头手倒立。

③手倒立。直立，两臂前上举，接着体前屈，两手向前撑地（同肩宽），稍含胸，一脚蹬地，另腿后摆。当摆动腿至垂直上方时，蹬地腿向摆动腿并拢，顶肩立腰，全身紧住成手倒立。手倒立的控制，如重心向前时，手指要用力顶住，同时稍抬头顶肩。如重心向后时，掌跟用力，稍冲肩。

④直臂屈体分腿慢起手倒立。由分腿屈体立撑开始，肩稍前移，含胸顶肩，收腹向上提臀，两腿靠紧体侧。当臀部上提接近垂直部位时，两腿由两侧向上并拢，同时肩随之后移，成手倒立。

（2）平衡

①俯平衡。直立，单腿后举，上体慢慢前倒，成单脚站立，使腿尽量向后高举，挺胸抬头，两臂侧举成平衡姿势。

②侧平衡。由站立开始，一脚站立，一腿侧举，同时上体侧倒，一臂上举，另一臂稍屈贴于体后，呈侧平衡姿势。

2. 单杠

（1）蹬地翻上成支撑

①动作要领

直臂正手握低杠站立，屈臂上步于杠前垂面，后腿由后经下向前摆动。同时前腿蹬地向后上方跳。同时屈臂用力引体、倒肩、腹部靠杠，当身体转斜到 45° 时，双腿伸直然后并拢，当身体翻转后水平时，制动双腿，抬上体，翻撑杠。

②练习方法

A. 跳上支撑前倒慢翻下；

B. 单腿蹬高处做翻上。

（2）后向大回环

①动作要领

由手倒立开始，身体下落时要直臂顶肩，脚向后远伸，身体尽量伸直，使身体重心远离握点，前摆接近下垂直部位时要“沉肩”，体稍后屈，摆过垂直部位，30° ~ 40° 时，迅速向前上方兜腿，稍屈髋，当身体接近杠上垂直部位时，向上伸腿展髋，同时顶肩翻腕成手倒立。

②练习方法

A. 悬垂大摆，体会沉扁；

B. 在海绵包前做手倒立、顶肩后翻成俯卧；

C. 在保护与帮助下进行练习。

③保护与帮助

保护者站在杠侧高台上，一手从杠下翻握其手腕，另一手托其肩使其倒立。

（3）单腿骑撑后倒挂膝上

①动作要领

右腿骑撑开始，两臂伸直撑杠，向后摆左腿，推双手，身体重心后移，右腿屈膝挂杠，上体后倒。身体重心远离杠面，当身体转到杠垂面对，左腿加速向前上摆。当转到斜上 45° 时压穿右腿，翻腕立腰，握紧双手制动，双腿前后大分腿成骑撑。

②练习方法

A. 保护者站其身侧抱后腿，在练习者后移重心时拉腿到离杠极远处；

B. 挂膝摆动；

C. 在保护帮助下练习。

③保护与帮助

保护者在杠前站立，一手从杠下扶其肩，另一手扶其后腿部，后摆后腿，当后摆到极点后一手扶肩，一手挽扶挂膝关节，帮其固定转轴，托肩手帮其翻转。

（4）悬垂摆动屈伸上

①动作要领

悬垂前摆开始，收腹成直角沉肩，过杠下垂面后收腹屈体，双腿靠杠面到前摆极限，回摆同时直臂压杠穿腿、跟肩成支撑，腿继续后摆。

②练习方法

A. 低杠正握，屈体充分拉肩，后跳收腹，脚踏垫子放浪；

B. 用跑放浪上跳做屈伸上。

③保护与帮助

保护者站在杠前侧面，一手杠下扶其肩，帮助加大放浪，一手在其臀过模具垂面扶腿帮其收腿屈体。在回摆时一手托其背，一手托其腿，帮其后上成支撑。

（5）支撑后倒屈伸上

①动作要领

从支撑开始，两臂伸直撑杠，上体后倒，当身体失去支撑时，收腹、屈髋，两腿沿杠面落到脚靠近杠前成屈体悬垂前摆，身体前摆时肩和臀充分远送，后摆到支撑，技术与悬垂摆动屈伸上相同。

②练习方法

A. 支撑后倒放浪；

B. 推杠跳起做短振屈伸上。

③保护与帮助

与悬垂摆动屈伸上相同。

3. 双杠

（1）支撑摆动

①动作要领

前摆从后摆最高点开始，以肩为轴，身体保持直体自然下摆，脚尖向后远伸，肩稍前移。当身体到支点时顶肩向前上方兜腿、顶肩、梗头，按惯性紧腰，身体自然展开，肩角充分拉开。后摆从前摆最高点开始，身体保持伸直，身体自然下摆。固定肩，双臂用力支撑。在身体下摆接近垂直部位前，髋关节稍屈，摆过垂直部位后，加快腿的“鞭打”，含胸顶肩，以肩为轴自然后摆，顶臂使肩角充分拉伸。

②练习方法

A. 学习正确的支撑，并在双杠支撑移动；

B. 小幅度支撑摆动。

③保护与帮助

保护者站在练习者侧面，一只手扶其肩部，另一只手托腹（后摆）或托臀（前摆）。

（2）分腿坐前滚翻成分腿坐

①动作要领

分腿骑坐，两手靠近大腿内侧握杠，上体前倒，顺势提臀、屈体，同时双肘内收顶住两肋使臀前上移至双手支点后，迅速开臂成双肩和手共同组成支撑面。并腿前滚，双手迅速向前换握杠，臀部靠近杠面时，两腿分开并下压，两臂压杠跟肩成分腿坐。

②练习方法

A. 低山羊放在杠端，在杠面上放一块垫子，在杠端做前滚翻落于垫上；

B. 在帮助下完成动作。

③保护与帮助

保护者站在练习者侧面，一手托其腿，另一手杠下托肩，帮助提臀、屈体、前滚，换手时托其背，防止掉落。

（3）分腿坐慢起肩倒立

①动作要领

分腿骑坐，双手在大腿内侧靠近大腿处握杠，夹肘置于两肋部，低头，前移重心，提臀，当重心移过支点后，双臂开肘以双肩、双手组成支撑面，双腿从两侧拢并腿，抬头立腰倒立。

②练习方法

A. 头手倒立；

B. 做双杠肩倒立；

C. 在保护帮助下完成。

③护与帮助

保护者站在练习者侧面，一手扶其背部，另一只手扶腹部或扶髋部。

### （二）体操进阶技术教学

1. 技巧

（1）滚动与滚翻

①手倒立落下经胸滚动成俯撑。由手倒立开始，肩稍前倾，两臂有控制地弯曲并尽量使身体后屈下落。抬头使胸部先着地，接着腹、大腿、小腿依次触垫滚动，两臂顺势撑直成俯撑姿势。

②前滚翻。蹲撑，提臂，两脚稍蹬地，同时屈臂，低头，含胸，用头的后部、颈、肩、背、腰依次触垫前滚。当滚到背腰时两手迅速抱腿，上体紧跟大腿成蹲立。

③“鱼跃”前滚翻。半蹲姿势开始，重心前移，两臂前摆，同时两脚蹬地，使身体向前上方跃起。腾空时，保持含胸稍屈髋的弧形姿势，接着两手撑地，两臂有控制地弯曲，低头含胸前滚起立。

④鱼跃前滚翻直腿起。助跑，单起双落向前上方跳起，髋角应保持在

135° 左右。两手撑地，有控制地屈臂低头含胸前滚。当滚至腰臀部位时，上体猛向前压，同时两手在大腿外侧用力向后撑地成屈体站立。

⑤挺身鱼跃前滚翻。助跳要有速度，起跳要有力。躺起后要积极后摆腿，同时挺胸抬头，身体充分展开。手撑地时，两臂有控制地弯曲，接着低头含胸，立即团身前滚起立。

⑥经手倒立前滚翻。由手倒立开始前倒，当感觉失掉平衡后，迅速屈臂低头含胸前滚翻。滚至背部时，立即团身抱腿起立。

⑦后滚翻。蹲立，重心后移，团紧身体并保持一定速度后滚。当滚到肩、颈部，身体重心超过垂直部位时，两手在肩上用力推垫，使身体翻转，两脚落地成蹲撑。

⑧屈体后滚翻。直立，上体前屈，重心后移，两手后伸在腿外侧撑地。接着臀部后坐，上体后倒，举腿翻臀，屈体后滚，两手置于肩上。当滚到肩部时，两手在肩上用力撑垫使身体翻转，经屈体立撑起立。

⑨后滚翻经手倒立成屈体立撑。并腿坐上体后倒，举腿后滚，两手在肩上撑垫，眼看脚尖。当滚至脚尖接近与头成垂直时，迅速向上伸腿展髋，同时用力推手，顶肩，紧身，抬头经手倒立。接着屈体下落，两臂控制使肩稍前倾，收腹落下成屈体立撑。

（2）手翻

①侧手翻。预备姿势是侧向站立，臂侧举，左腿侧举，头左转。上体左侧倒，左脚落地（脚尖向左），右腿侧摆。左手撑地，左腿随之蹬地摆起。右手撑地，经分腿倒立（这时应顶肩，立腰，展髋，分腿）继续翻转。推开左手，右脚落地（脚尖向右），身体侧起成开立。

②头手翻。直立、上体快速前屈（稍屈膝），两手向前撑地，接着两脚离地，两臂弯曲，用头的前额上方在两手之间稍偏前的位置顶地。经短暂的屈体头手倒立过程，当身体重心超过支撑垂面上方后，两腿猛力向前上方蹬伸，充分展髋。同时，两手用力推地，挺胸抬头，使身体向前上方腾起。落地时脚前掌先落地，然后全脚掌落地，两臂上举。

③前手翻。趋步，右脚向前踏地，上体前压，左腿后摆两臂向前撑地，接着右腿蹬地后摆。接近倒立时，快速顶肩推手，使身体向前上方腾起。腾空时要挺身、抬头、紧腰，两腿并拢，前脚掌先着地，两臂上举。

④后手翻。两臂前举站立开始，稍屈膝屈髋后坐，两臂自然后摆。重心后移，当身体向后失去平衡时，两臂迅速经前向上后甩，稍蹬地，抬头，“挑”腰，身体充分后屈。经低腾空，向后翻转接着两手撑地，利用反弓手倒立的

反弹力顶肩推手，收腹提腰，脚落地成直立。

2. 单杠

（1）支撑后摆下

①动作要领

从支撑开始，两腿先向前预摆。肩部稍前倾，接着双腿向后上方摆腿，两臂伸直支撑。当后摆到极点要下落时，稍含胸制动，双腿顶肩推手，挺身落下。

②练习方法

A. 低杠支撑后摆下，手不离杠；

B. 支撑后摆；

C. 在保护下完成。

③保护与帮助

保护者站在杠后侧方，一手托其腹部，另一只手托其腿部帮助后摆，然后扶身体安全落地。

（2）骑撑前回环

①动作要领

由右腿骑撑双手反握开始，两臂伸直撑杠，身体重心前移前提臀，右腿上举向前迈出。以左腿大腿前部压杠为轴，上体前倒靠近右大腿，当转 270° 时，右腿压杠，展髋，左腿继续后摆，两臂伸直压杠，翻腕立腰分腿成骑撑。

②练习方法

A. 帮助者站在练习者前抱其右腿做迈步提臀前倒上体；

B. 在杠前设立标志物练习前回环。

③保护与帮助

保护者站在杠后，一手杠下扶手腕，另一只手扶大腿后部使其固定转轴，在转过 270° 后托后背帮其成骑撑。

（3）支撑后回环

①动作要领

支撑开始，双腿向前预摆，肩部稍前倾，接着双腿后摆，双臂伸直撑杠，然后身体下落腹部贴杠面后，上体迅速后倒，双腿前摆，以腹部为轴，稍屈髋，两臂压杠回环，当转过杠的垂面后，制动双腿，抬上体挺胸，展髋，翻腕立腰成支撑。

②练习方法

A. 支撑后摆贴腹；

B. 保护帮助下支撑后倒腹回环；

C. 在保护帮助下完成。

③保护与帮助

保护者站在杠前，一手杠上扶肩，另一只手杠下扶大腿，帮助后摆前移肩，当回摆贴腹后进行转动，扶其臂固定转轴。

（4）腹撑前腿摆越成骑撑

①动作要领

腹支撑开始，重心左移，左手直臂支撑，同时向上摆右腿，推右手离杠，右腿摆到最高点向杠前放右腿成骑撑，回原重心右手再握。

②练习方法

A. 原地模仿练习；

B. 在保护帮助下完成动作。

③保护与帮助

保护者站于杠后，一手托肩帮其移动重心，另一只手扶腿帮其侧上摆并前放。

3. 双杠

双杠动作主要以摆动、摆越、展伸、弧形、回环、空翻和静止等动作为主。双杠动作移动范围大、变化复杂，可以支撑做，也可以悬垂做。既可以正撑，也可以侧撑；既可在两杠上做动作，也可以在单杠上做动作。规则要求一套双杠动作编排要以摆动、转体、空翻为主，动作结构组合要多样，连接要紧凑连贯，避免出现不必要的静止和无价值的动作或连接。

（1）分腿骑坐前进

①动作要领

由支撑前摆开始，当前摆两腿过杠面时，立即向前上两侧分腿，分腿落于两杠面成骑坐，推手重心前上移，用两大腿内侧压杠挺身上立。过支点后上体前倒，双手向远处撑杠，同时两腿伸直，用大腿压杠反弹，后摆并腿，支撑自然前摆。

②练习方法

A. 练习支撑摆动前摆分腿坐；

B. 在帮助下双手压杠反弹并腿支撑摆动。

③保护与帮助

保护者站于杠侧，一手扶练习者的肩部（杠上），一手杠下托其腹部。

（2）支撑前摆向左直角下

①动作要领

支撑前摆开始，当身体过杠面推右手向左推并移重心向左，当腿摆到极点制动，双手握左侧单杠，左手侧平举，右手单臂支撑，挺身跳下。

②练习方法

A. 右腿体前蹬单杠，推右手向外移身体跳下；

B. 双手握左杠，双腿蹬两杠跳下；

C. 在保护与帮助下完成。

③保护与帮助

保护者立于练习者左侧，当练习者摆腿过杠面后，一只手拉其左肩外移，另一只手托其臀部。

（3）挂臂前摆上

①动作要领

由摆臂开始，前摆到杠垂面稍沉肩加速兜腿，身体摆到杠面突然制动，压臂跟肩支撑，身体继续上摆，肩充分顶开。

②练习方法

A. 体会前摆制动；

B. 分腿仰卧于双杠，练习压臂跟肩；

C. 在保护与帮助下完成后摆动作。

③保护与帮助

保护者站在练习者侧面，一只手握其上臂，另一只手在杠下托送髋部。

## 第三节　游泳运动实践指导

### 一、游泳运动的基本概况

游泳运动是作为一种生存技能而产生和发展起来的，游泳是人在水里凭借肢体的动作同水相互作用而进行的活动技能。现代游泳运动可分为竞技游泳、实用游泳和大众游泳。竞技游泳是指具有特定的技术规格，并按游泳竞赛规则进行比赛的游泳运动项目。正式的游泳竞赛项目有自由泳、仰泳、蛙泳、蝶泳、个人混合泳和接力六类。实用游泳是指直接为生活、生产或军事服务的游泳技术。大众游泳是指以游泳作为基本手段，以增进身体健康、丰富业余生活为直接目的的各种游泳活动。

游泳运动是一项良好的健身运动项目，长期坚持游泳，能增强心肌机能，加快血液循环，给身体各部分提供足够的氧气和营养。游泳还能提高人体内分泌功能，进而提高人体在针对冷热的不同条件下对疾病的抵抗力，完善人体免疫系统。此外，游泳运动还能帮助健身者塑造良好的形体。

## 二、游泳运动技术教学指导

### （一）蛙泳技术教学

1. 身体姿势

蛙泳的身体姿势不是固定不变的，而是随着臂、腿及呼吸动作的周期性变化而不断变化的。在一个动作周期中，两臂前伸、两腿向后蹬直并拢时，身体是几乎水平地俯卧于水中，头部夹在两臂之间，两眼注视前下方，腹部与大、小腿位于同一水平面上，臀部接近水面，身体纵轴与水平面约成5° ~ 10° 角。这种身体姿势，可以减小游进时的水阻力。要做到这一点，要求胸部自然伸展，稍收腹，微塌腰，两腿并拢，脚尖伸直，两臂并拢尽量前伸，全身拉伸成一直线。

在游进过程中，身体会按一定的节奏上下起伏。在划水和抬头吸气时，上体会向前上方抬起，肩和背部的一部分上升露出水面，此时躯干与水面的角度较大。当两臂前伸、两腿向后蹬夹时，随着低头的动作，肩部又浸入水中，身体恢复比较平直的流线型姿势向前滑行。

对于初学蛙泳者，不宜过分追求在划水和吸气时拉高身体的动作。因为抬头过高或过分挺胸，会导致下肢下沉，迎角增大，使身体在前进方向上的投影截面增大，从而增大游进时的阻力。

2. 腿部技术

蛙泳的腿部动作是保持身体平衡、推动身体前进的一个重要因素。尽管现代蛙泳技术强调以臂为主，但腿部动作的作用不容忽视。对于初学者来说更是要强调掌握好腿部技术。蛙泳腿部技术可以分为收腿、翻脚、蹬夹、滑行四个紧密相连的动作环节。

（1）收腿

收腿是翻脚、蹬夹的准备动作，是从身体伸直成流线型向前滑行的姿势开始的。收腿时，腿部肌肉略微放松，大腿自然下沉，两膝开始弯曲并逐渐分开，小腿和脚跟在大腿后面向前运动。收腿时，踝关节放松，脚底基本朝上，脚跟向上、向前移动，向臀部靠拢，两腿边收边分开。两小腿和两脚在前收的过程中要落在大腿的投影截面内，以避开迎面水流，减小收腿的阻力。收腿动作应柔和，不宜太用力。在收腿的过程中臀部略下降。收腿结束时，两膝内侧的距离约等于肩宽；大腿与躯干约成130° ~ 140° 角，大、小腿折叠紧，小腿接近于与水面垂直，为翻脚和蹬夹做好准备。

（2）翻脚

翻脚动作的目的在于使腿在蹬夹时有一个良好的对水面。在蛙泳技术中，翻脚动作很重要，翻脚直接影响到蹬夹的效果。

当收腿使脚跟接近臀部时，大腿内旋，两膝稍内扣，小腿向外张开，两脚背屈使脚掌勾紧向外翻开，脚尖转向两侧，使小腿和脚的内侧面向后，形成良好的对水面，为蹬夹动作做好准备。翻脚实际上是收腿的结束动作和蹬夹的开始动作。在收腿接近完成时就开始翻脚，翻脚快完成时就开始蹬夹，在蹬夹的开始阶段继续完成翻脚。收、翻、蹬夹三个动作紧密相连，一环扣一环，形成一个连贯圆滑的鞭状动作。

（3）蹬夹

蹬夹动作是推动身体前进的重要动力来源。蹬夹动作的推进效果主要取决于蹬夹时腿的运动方向、对水面的大小及运动速度。

蹬夹动作在翻脚即将完成时就已开始。由于翻脚动作的惯性，脚在后蹬的开始阶段是继续向外运动，完成充分的翻脚。随后，由腰腹和大腿同时发力，依次伸展下肢各关节，两脚转为向后向内运动并稍下压，直至两腿蹬直并拢，完成弧形的鞭状蹬夹。蹬夹动作是“蹬”与“夹”的结合，两腿是边后蹬边内夹，当两腿蹬直时两膝也已并拢了。既不是完全向后蹬，也不是向外蹬直了再内夹并腿。

蹬夹时，下肢各关节的伸展顺序是保持最大对水面积的决定因素。正确的顺序是：先伸髋关节，后伸膝关节，最后伸踝关节，直至两腿完全伸直并拢。蹬夹开始时，主要是大腿向后运动，膝关节不宜过早伸展，以使小腿尽量保持垂直对水的有利姿势，避免出现小腿向下打水的错误。在蹬夹过程中，脚应保持勾脚外翻姿势；在蹬夹将近结束时，脚掌才内旋伸直，完成最后的鞭水动作。如果先伸踝关节，则会破坏翻脚所形成的良好对水面，形成用脚尖蹬水的错误。

在蹬夹过程中，脚相对于静止的水的运动轨迹是一条复杂的三维曲线，既有向后的运动，又有向外、向内、向下的运动，水对腿部动作的反作用力，由蹬腿升力和蹬腿阻力构成。在蹬夹过程中，蹬腿升力起到重要的推进作用。但由于小腿和脚的内侧面是向后对水，且相对于自身来说腿部向后运动的幅度较大，故蹬腿阻力对推进力的贡献更大些。这就要求大腿内收肌群在蹬夹过程中积极工作，限制腿脚过分的外张，以保证蹬夹方向主要向后。

升力和阻力都与速度的平方成正比，蹬夹动作的速度越快，产生的推进力就越大。因此，蹬夹时要充分发挥腿部肌肉的力量，逐渐加速。蹬夹开始时，动作应比较柔和，而最后伸直小腿和脚掌的动作则需要快速有力。

（4）滑行

蹬夹结束后，腿处于较低的位置，脚距离水面约为 30 ～ 40 厘米。此时两腿伸直并拢，腰、腹、臀及腿部的肌肉保持适度紧张，使身体呈流线型向前滑行，准备开始下一个腿部动作周期。滑行中，要注意保持两腿较高的位置，减少滑行时的阻力。

3. 臂部技术

蛙泳的手臂动作是推动身体前进的重要因素。游蛙泳时，整个手臂动作都是在水下完成。对于游泳者自身来说，手的划水路线近似于两个相对的“桃心形”。即两手从“桃心”的尖顶开始，不停顿地划动一周回到尖顶。为便于分析，把蛙泳的一个划水动作分为外划、下划、内划、前伸四个紧紧相连的动作阶段。

（1）外划

外划是从两臂前伸并拢、掌心向下的滑行姿势开始的。外划时两臂内旋，两手掌心转向外斜下方，略屈腕，两臂向外横向划动至两手间距离约为两倍肩宽处。外划的动作速度较慢。

（2）下划

手臂在继续外划的同时，前臂稍外旋，肘关节开始弯曲，转腕使掌心转为朝后下方，以肘关节为轴，手和前臂加速向下、向后划动。在下划的过程中，手和前臂的运动速度快，幅度大，而上臂的移动不多，前臂与上臂之间的夹角迅速缩小。下划结束时，肘关节明显高于手和前臂，手和前臂接近垂直于游进方向，肘关节约屈成 130°。

（3）内划

内划是手臂划水产生推进力的主要阶段。随着下划的结束，掌心迅速转向内后方，手臂加速由外向内并稍向后横向划动，屈肘程度进一步加大，肘关节也同时向下、向后、向内收夹至胸部侧下方。两手划至胸前时几乎靠在一起。

（4）前伸

当内划接近完成时，两手在继续向内、向上划动的过程中逐渐转为向上、向前弧形运动至颌下。此时两手靠拢，两掌心逐渐转向下，手指朝前。接着，肘关节不停顿地沿平滑的弧线前移，推动两手贴近水面向前伸出。与此同时迅速低头，将头夹于两臂之间。伸臂动作完成时，两臂伸直并拢，充分进行伸肩，两手掌心向下，呈良好的流线型向前滑行。

游蛙泳时，手相对于静止的水的运动轨迹实际上是一条复杂的三维曲线。手在划水时并没有大幅度的向后的运动，而主要表现为明显的横向和上下方向的运动，就好像是手握着一个固定的把手将身体拉引向前。

划水阻力朝内，两臂上的划水阻力互相抵消。但由于屈腕动作，手掌平面与划动方向约成40° 的迎角，所产生的划水升力起到推动身体前进的作用。手臂向下、向后的划动不仅为强有力的内划做好了准备，还可以产生升力、阻力并重的推进力推动身体前进。内划阶段手臂的对水面大，手掌平面与手的划动方向约成30° ~ 40° 的迎角，水的反作用力以划水升力为主。此时胸背部和肩带的肌群亦处于收缩发力的最有利部位，两臂的向内划动可以有很大的加速度。所以内划阶段是蛙泳手臂划水产生推进力推动身体前进的主要阶段。

蛙泳臂划水动作的各个阶段是密切地连接在一起的，整个动作要连贯圆滑，由慢到快，加速进行。初学者尤其应注意在内划结束转前伸时，手臂不能停顿。

4. 完整配合技术

蛙泳是臂、腿交替做动作推动身体前进的，其配合技术比较复杂，是学习蛙泳的一个难点。配合不协调，会直接影响臂、腿的动作效果和游进速度的均匀性。正常蛙泳一般是采用1 ∶ 1 ∶ 1的配合技术，即在一个完整动作周期中，蹬夹一次，划臂一次，呼吸一次。配合游时应在充分发挥臂、腿力量的基础上，努力做到协调、连贯、有节奏，尽量保持匀速前进。

（1）臂与腿的配合

蛙泳臂和腿的配合是一种交替进行稍有重叠的技术。两臂外划和下划时，两腿保持稍紧张的伸直姿势；两臂内划时，两腿放松，两膝下沉，开始收腿；两臂开始前伸时，迅速完成收腿并做好翻脚动作；两臂接近伸直时，开始向后快速蹬夹；蹬夹结束后，全身伸直成良好的流线型向前滑行。

对于初学者来说，重视蹬夹后的滑行具有十分重要的作用。只有在带滑行的从容游进中，才能掌握配合技术的要领，形成正确的动作节奏。初学者可以经常做长滑行计动作次数的游进练习来检验自己臂、腿动作的效果。

（2）呼吸与臂的配合

蛙泳的呼吸是和手臂的划水动作紧紧结合在一起的，主要有“早吸气”和“晚吸气”两种类型。

①早吸气配合技术：两臂开始外划时，颈后肌收缩，开始向上抬头，下颌前伸，使口露出水面将气吐尽；在两臂下划和内划的过程中吸气；两臂前伸时低头闭气；滑行时在水中呼气。这种呼吸方式利用了划水开始阶段手臂向外、向下划动所产生的向上的反作用力，使头部比较容易抬出水面，整个呼气和吸气的时间较长，动作比较从容。早吸气配合技术比较适合于初学者采用。

②晚吸气配合技术：晚吸气配合技术没有明显的抬头和前伸下颌的动作。在两臂外划和下划时，身体仍保持较平直的流线型姿势；在两臂内划的过程中，随着头、肩的上升，口露出水面将气吐尽；内划结束，头、肩向前上方升至最高位置时快速吸气；两臂前伸时迅速低头闭气；滑行时向水中呼气。这种呼吸方式有利于减小水的阻力，同时有利于更好地发挥手臂划水的力量，动作紧凑连贯，前进速度均匀。运动水平较高者一般都采用晚吸气配合技术。但晚吸气配合技术的吸气时间较短，初学者通常不容易掌握。

### （二）爬泳技术教学

爬泳又叫自由泳，即自由的不受姿势限制的游泳，是四种竞技游泳中速度最快的一种泳姿，按规则要求，自由泳比赛中，可采用任何一种姿势游进。但由于爬泳时，身体俯卧在水中，身体几乎与水面平行，有较好的流线型；两腿不停地做上下打水动作，两臂依次轮流向后划水，因此推进力均匀，动作结构简单，效果好；动作配合协调，既省力又能发挥最大的速度。因此，爬泳是学生在自由泳比赛中经常采用的运动形式。

1. 身体姿势

爬泳运动中，学生的身体应平直地俯卧在水中，身体的纵轴与水平面保持 3° ~ 5° 角。头微微抬起，这种平直的姿势能缩小前进时的截面，有助于减少阻力，颈部自然后屈与水平面成 20° ~ 30° 角，两眼注视前下方。两臂轮换前伸向后划水，两腿上下交替打水。在游进中身体可以有节奏地转动，这种转动程度一般为 35° ~ 45° 角。

技术要点：游进过程中身体保持平直，既不要收腹提臀，也不要挺胸塌腰。

2. 腿部动作

爬泳时，腿的动作主要起维持身体平衡的作用，使下肢抬高，保持身体流线型，以及协调两臂有力的划水动作，并能起一定的推进作用。向下打腿时，腿自然伸直，由髓关节发力，大腿带动小腿。打水时，一般两腿间差距为 30 ~ 45 厘米。向下打水时，动作要快而有力，向上提腿时应放松一些。

在向下打水时，由于惯性的作用，小腿和脚仍继续向上移动，而使膝关节有些弯曲，弯曲程度一般为 140° ~ 160° 角。打水时脚尖自然伸直，向下打水时两腿应自然向里转一些。

技术要点：学生在爬泳的打腿过程中，应以髋为轴，在向上直腿和向下屈腿时，大腿一直都处于领先，连续不断地做动作，所谓鞭状打水，即向上动作快要结束时就开始向下打水，向下打水快要结束时又开始向上打水，大腿领先，与膝关节和踝关节不停顿地形成时间差。向下打水要用较大的力量和较快的速度来完成，以便产生较大的推进力和浮力。

3. 臂部动作

爬泳的手臂动作可分为入水、抱水、划水、出水和空中移臂五个不可分割的部分，它们共同组成了一个完整的动作，彼此之间并没有产生明显的界限。

（1）入水动作

学生在完成空中移臂后，手应向前，自然放松地入水，臂入水时，肘关节略屈并高于手，手指自然伸直并拢，约与水面成45° 角，拇指领先斜插入水，动作要自然放松，按照手—前臂—上臂的顺序入水。

技术要点：注意臂的入水点应在肩的延长线上或在身体中线和肩的延长线之间。

（2）抱水动作

学生的臂入水后，手掌从向斜外下方转向斜内后方，屈腕、屈肘，并保持高抬肘姿势。抱水时，上臂和水平面约为30° 角，前臂与水平面约为60° 角，手掌接近垂直对水，肘关节屈成约 150° 角，整个手臂像抱个球似的。

技术要点：抱水过程中，手肘高抬，手掌与对面垂直。

（3）划水动作

划水是指手臂与水平面成 45° 角起，向后划至与水面成 15° ~ 20° 角止的这一过程。是获得推动力的主要阶段，这个阶段又分为两部分，从整个臂部划至肩下方与水平面垂直之前称“拉水”，过垂直面后称为“推水”。拉水时前臂的速度快于上臂，继续屈肘，当臂划至肩下方时，手在体下靠近身体中线，屈肘约为 90° ~ 120° 角。整个拉水过程应保持高肘姿势，使手和前臂能更好地向后划水。在推水过程中，为了使手掌始终与水平面垂直，推水时要逐渐放松腕关节，使手伸展开与前臂构成一个约为 200° ~ 220° 角。向后推水是通过屈臂到伸臂来完成的，为了使前臂、手掌能以最大面积接触，在推水中肘关节要向上，向体侧靠近。

技术要点：整个划水动作过程中，即从拉水到推水的过程中应保持动作连贯、快速，中间没有停顿。整个划水动作，手的轨迹是向下——向后——向上，划水路线呈“S”形。

（4）出水动作

划水结束后，借助推水后的速度惯性，利用肩三角肌、肩带肌的收缩及身体沿纵轴的转动，将肘部向上方提起，并迅速将臂部提出水面。

技术要点：出水时，放松臂部和手腕。

（5）空中移臂动作

臂出水后，在肩的转动下，带动整个手臂向前移动，移臂时仍保持高肘屈臂的姿势。整个移臂的前半部分肘关节领先，前臂和手的动作较慢，移臂完成一半时，手和前臂赶上肘部，并逐渐向前伸出，掌心也从后上方转向前下方，做好入水准备动作。

技术要点：移臂是出水的继续，两个动作应保持连贯、不能停顿，移臂时动作应放松自如，尽量不破坏身体的流线型；移动的手臂应和另一臂的划水动作协调一致。

4. 完整配合技术

（1）两臂配合

爬泳两臂协调配合，是前进速度均匀性的重要条件。两臂配合，通常有前交叉、中交叉和后交叉三种方法。首先，前交叉是指一臂入水时，另一臂处在滑下阶段；其次，中交叉是指一臂入水时，另一臂已经进入划水阶段的中间部分；最后，后交叉是指一臂入水时，另一臂已经进入划水阶段的后半部分。中交叉和后交叉有利于发挥两臂力量和提高动作频率，加快速度，保持连续的推进力。

技术要点：上述三种配合形式都有其各自的特点，初学者应采用前交叉，以便其掌握正确的爬泳动作和呼吸方法。

（2）呼吸与臂部动作的配合

爬泳运动中，学生的呼吸是利用头向左侧或右侧的转动，用嘴进行呼吸。如以向右呼吸为例：右手入水以后，嘴和鼻开始慢慢地呼气；右臂划至肩下向右侧转头，呼气量开始逐渐增加；当右臂划水即将结束，呼气量进一步加大；右臂出水时，马上张嘴吸气；移臂到一半时，吸气结束，闭气，继续转头和移臂，脸部转向前下方。头部姿势稳定时，右臂又入水开始下一次呼吸。如此反复循环进行呼吸。

技术要点：如果学生对呼吸与臂的配合技术尚未熟练，可以多划几次臂吸一次气。而具有一定水平的学生游泳学生则可以视游距长短和训练水平而定，长距离多为两划一吸或三划一吸，短距离可多划几次臂吸一次气。

（3）呼吸和完整动作的配合

完整的配合技术是游泳学生匀速地、不间断地向前游进的保证。爬泳腿、臂、呼吸的配合动作，一般采用两臂各划水一次、呼吸一次和打腿六次的配合方法。为了充分发挥手臂作用，提高游进速度，也有采用两臂各划水一次、呼吸一次和打腿四次的配合方法。

技术要点：在配合中，呼吸和腿的动作都应该服从于手臂动作的需要。初学者应首先抓好臂腿配合，再进行呼吸配合，而不宜过早强调呼吸。

## （三）仰泳技术教学

仰泳又被称为背泳，是人体仰卧在水中进行游泳的一种姿势，同爬泳一样属于交替性动作。人们在蛙泳或踩水的过程中，发现只要将身体仰卧过来，臂腿稍微做动作就可以游动，脸部还能露出水面。最后发展为两腿上下交替踢水，两臂在体侧轮流向后划水的爬式仰泳技术。仰泳的最大优点就是游泳者的脸一直露在水面上，不存在呼吸和换气的问题，并且动作非常容易掌握，因此多数人都很喜欢这种游泳的姿势。但在游泳方向的掌握上需要花费较多的时间和精力去学习。

1. 身体姿势

学生在仰泳过程中身体要自然伸展，接近水平地仰卧于水面，头和肩部略高于臀，水齐耳际，脸部露在水面上，身体尽可能处于高的位置，腹部和两腿大约在水面下 5 ~ 10 厘米，游进时身体应随划水和打腿动作绕纵轴自然且有节奏地转动，转动的角度在 45° 左右。

技术要点：仰泳过程中应注意以下三个方面，首先，头部应尽量保持不动。在仰泳进行时，头起到了“舵”的作用，并且它还可以控制身体左右转动。头应保持相对稳定，不要上下、左右晃动，但颈部肌肉不要过分紧张，后脑处在水中，水位在耳际附近，两眼看腿部的上方。其次，腰部肌肉要保持适度的紧张，不至于使身体过分平直和屈髋成坐卧姿势为前提。肋上提，不要含胸。快速游进时，身体的迎角能使体位升高，一些水平较高的学生不仅可以使肩和胸部露出水面，而且还可以使腹部也露出水面。最后，身体的纵轴应随着两臂划水动作而自然滚动，滚动的角度根据个人的情况不同而稍有差别，肩关节灵活性较差的人滚动小，肩关节灵活性较好的人滚动大。

2. 腿部技术

良好的腿部动作是使学生在仰泳过程中保持身体处于较好角度、水平姿势的重要因素之一，正确的踢水动作不但可以控制身体的摆动，还能产生一定的推进力。仰泳运动中腿部动作可以分为以下两个部分。

（1）下压阶段

仰泳的腿部动作中的下压动作即直腿下压。腿向下压的动作是借助于臀部肌群的收缩来完成的。在整个腿下压动作中，前 2/3 由于水的阻力，使膝关节充分展开，腿部肌肉放松。当大腿下压到一定程度时，由于腹肌和腰肌的控制，停止向下而过渡到向上移动，由于惯性的作用，小腿仍然继续向下，造成膝关节弯曲，所以在腿下压的后 1/3 是屈腿的。随着惯性的逐渐减弱和大腿的带动，小腿也开始向上移动，但此时脚仍然继续向下，直到惯性消失，大腿、小腿和脚一次结束向下的动作，构成向下“鞭打”的姿势。

（2）上踢阶段

仰泳的腿部动作中的上踢动作即屈腿上踢，腿的上踢动作需要用较大的力量和速度来进行，并且逐渐加大到最大力量和速度。当大腿向上移动超过水平面时就结束向上的动作，此时膝关节接近水面。随后小腿和脚也依次结束向上，使膝关节充分伸展，构成向上“鞭打”的动作。

技术要点：首先，由于下压的动作不产生推进力，因此相对地要求速度不要太快，腿部各关节自然放松。当下压动作结束时，由于水对小腿的阻力和大腿肌肉的牵制，大腿与小腿约成 135° ~ 140° 角，小腿与水平面约成 40° ~ 45° 角，此时大小腿弯曲到最大程度，小腿和脚对水的面积较大。其次，上踢动作是以大腿带动小腿、小腿带动脚来完成的，并且在任何情况下，尽量不要使膝关节或脚尖露出水面。上踢时，脚尖应内旋以加大对水面积。

3. 臂部技术

和爬泳的摆臂一样，仰泳臂的划水动作也是由入水、抱水、划水、出水和空中移臂五部分组成，两臂的屈臂划水也是相互交替地进行；不同的是仰泳划臂在人的体侧进行，如同划船时交替划水的桨。

（1）入水动作

入水时，手臂伸直，掌心朝外，小拇指领先入水，手稍内收，与小臂约成 150° ~ 160° 角。入水点一般在肩的延长线与身体纵轴之间。

技术要点：臂入水的同时应展胸伸肩。

（2）抱水动作

抱水动作是为接下来的推水动作创造有利条件的。手臂入水后，要运用移臂时所产生的动量积极下滑到一定的深度，手掌向下，向侧移动，通过伸肩、屈肘、上臂内旋和屈腕的动作，配合身体的滚动，使手掌和前臂对准水并有压力的感觉。

技术要点：完成抱水动作的即刻，肘部微屈约成150°～160°角，手掌距水面约30～40厘米，肩保持较高的位置，以便为接下来的推水动作做好准备。

（3）划水动作

划水动作是推动身体前进的主要动力。划水动作包含拉水和推水两个阶段。

拉水阶段：在臂前伸抱水的基础上进行的。开始时前臂内旋，手掌上移，肘部下降，使屈肘程度加大，手掌和水必须保持与前进方向垂直。当手掌划至肩侧时，屈臂程度最大，约为70°～110°角，手掌接近水面。

推水阶段：在手臂划过肩侧时开始的，这时肘关节和大臂应逐渐向身体靠近，同时用力向脚的方向推水。当推水即将结束时，小臂内旋做加速转腕下压的动作，掌心由向后转向向下。推水结束时，手臂要伸直，手掌在大腿侧下方，借助于手掌压水的反弹力迅速提臂出水。

技术要点：整个划水动作是由屈臂抱水开始，以肩为中心，划至大腿外侧下方为止。

（4）出水动作

仰泳出水动作的手形有很多种，常见的手形主要有以下三种：即手背先出水；大拇指先出水；小拇指先出水。这3种手形各有利弊，相对来说最后一种较好。

技术要点：无论采用哪种手形出水，都要注意使手臂自然、放松和迅速，并且要先压水后提肩，肩部露出水面后，由肩带动大臂、小臂和手依次出水。

（5）空中移臂动作

提臂出水后，手应迅速从大腿外侧垂直于水面移至肩前。当手臂移至肩上方时，手掌内旋，使掌心向外翻转。

技术要点：空中移臂时，臂伸直放松。移臂的后阶段要重视肩关节充分伸展，为入水和划水做好准备。

4. 完整配合技术

（1）两臂配合

仰泳两臂的配合是“连接式”的，即当一臂划水结束时，另一臂已入水并开始划水；一臂处于划水的一半，另一臂正处于移臂的一半。

技术要点：在整个臂的动作过程中，两臂应几乎保持完全相反的位置。

（2）臂和呼吸的配合

仰泳的呼吸比较简单，一般是2次划水1次呼吸，即一臂移臂时开始吸气，然后做短暂的憋气，当另一臂移臂时进行呼气。在高速游进时也可以1次划水 1 次呼吸，但是呼吸不能过于频繁，否则会使得呼吸不充分，造成动作紊乱。

技术要点：呼吸要有节奏，使肺部呼吸正常，不易产生疲劳。

（3）臂、腿配合

臂、腿配合是否合理，影响到整个动作是否平衡和协调自然。现代仰泳技术中一般都采用 6 次打腿 2 次划水的配合技术，也有少数人采用 4 次打腿的技术。

技术要点：臂划水的同时，避免腿的上踢、下压动作造成身体的过分转动，以保持身体的平衡性和协调性。

### （四）蝶泳技术教学

由于蝶泳运动是从蛙泳运动逐渐演变而来的一种游泳姿式，最初腿部动作模仿蛙泳的蹬夹水，两臂对称由前往后划出水面经空中前摆，动作近似蝴蝶飞行，故称蝶泳。由于它腿部的游泳动作酷似海豚，所以又称为"海豚泳"。蝶泳技术是所有游泳姿势中最复杂的，对游泳者的身体素质要求较高。

1. 身体姿势

蝶泳时，头和躯干不断地在水平面上下移动，这种身体的上下起伏是自然形成的。但身体姿势力求稳定，身体有节奏地起伏，为臂和腿部动作提供有利的条件。

2. 躯干和腿的动作

蝶泳打腿是由腰部发力，大腿带动小腿做有节奏的上下鞭状打腿动作，整个动作是和躯干联系在一起的。打水时两腿自然并拢，当两腿向下打腿结束后，两脚向下达到最低点，膝关节伸直，臀部上升至水面；然后两腿伸直向上移动，髋关节逐渐展开，臀部下沉；当两脚继续向上时，大腿开始下压，膝关节随大腿下压而自然弯曲，大腿继续加速向下；随着屈膝程度的增加，脚向上抬到最高点，臀部下降到最低点，准备向下打水；脚向下打水时，脚背要保持正对水面，踝关节必须放松伸直；当小腿随着大腿加速下压时，大腿又开始向上移动，等膝关节完全伸直时，向下打水即宣告结束。

3. 手臂动作

蝶泳手臂动作是两臂同时对称进行的，包括入水、抱水、划水、出水和空中移臂五个部分。

（1）入水

两臂经空中移臂后在肩前插入水中，入水时两手距离略与肩同宽，掌心向两侧，手指向下，手、前臂、上臂依次入水。

（2）抱水

手臂入水后，手和前臂向外旋转，手臂同时向外、向后和向下运动，手臂有支撑住水的感觉，像是用手去抱一个大圆球。同时开始屈肘、屈腕，为下个阶段的划水做好准备。

（3）划水

在臂进入划水阶段后，前臂和手掌是划水的主要对水面。屈肘，使肘部保持较高的位置。前臂外旋动作和逐步加大屈臂的动作是同时进行的，当两臂划至肩下方时，前臂与上臂成 90° ~ 100° 。当两手划至腹下时，两手距离最近（几乎碰到一起），然后转入推水动作。

（4）出水

随着臂推水的结束，手臂充分推直，然后借助其惯性提肘，迅速将两臂和手提出水面。

（5）移动臂部

两臂提出水面后，即沿身体两侧低平的抛物线向外、向前抡摆。两臂在向外、向前抡摆的过程中应该自然伸直，并始终保持拇指朝下的姿势。当摆过肩的横切面时，两臂向内、向前移动。此时肘关节微屈并稍高于手，掌心转为朝外斜下方，准备入水。

4. 呼吸与臂、腿的配合技术

（1）臂与呼吸的配合

蝶泳的呼吸借助于两臂划水的后部推水动作，同时需后部肌肉大幅度伸展，使头抬至口露出水面的位置时吸气。吸气的速度要快，头必须在臂入水前回到原来的位置，慢呼气或者稍憋气后呼气。

蝶泳的呼吸一般是 1 次划水 1 次呼吸，但是为了加快游进的速度，也可采用 2 次以上的划水动作之后，再做 1 次呼吸的技术。

（2）完整配合技术

蝶泳臂、腿、呼吸的配合比例一般为 1 ∶ 2 ∶ 1，即 1 次手臂动作，2 次腿的动作，呼吸 1 次。在某些情况下，也有做 N 次（N ＞ 1）臂、腿配合再做 1 次呼吸的技术。2 次打腿的力量一般是第一次轻、第二次重。

完整的配合技术是两臂入水时做第一次向下打腿，臂抱水时腿向上，当两臂划至腹部下方时，开始做第二次向下打水的动作，并且同时抬头吸气。推水结束时打腿也结束。移臂时腿又向上准备做下一周期的打腿动作；移臂的前部，头部还处于水面，移臂过身体的横轴时低头。

# 第四节　健美操运动实践指导

## 一、健美操运动的基本概况

健美操是有氧运动的一种，健美操是一项融体操、舞蹈、音乐、美学为一体的运动，主要通过徒手、持轻器械和用专门器械而进行的操化练习，不受年龄、性别、场地的限制，是一项内容丰富，简单易学，变化繁多，实现健身、健心目的的新型体育项目。其运动特征是持续一定时间的、中低程度的全身性运动，主要影响练习者的心肺功能，是有氧耐力素质的基础。

随着人民生活水平的不断提高，健美操所特有的保健、医疗、健身、健美、娱乐的实用价值受到越来越多的人的重视，吸引了不同年龄的爱好者参与，形成了一定规模的消费群体。各级电视台纷纷制作以健美操竞赛、普及为内容的专题节目，其收视频率远远超过其他节目。由于健美操比赛可在体育馆和舞台上举行，加之健美操运动场地运用集中的特点，给企业结合比赛进行广告宣传创造了机会。

近年来，随着全球健身热的兴起和娱乐、休闲体育的发展，健美操以其自身固有的价值和魅力，风靡世界，深受广大群众的喜爱。我国开展该项目要晚于欧美，但发展势头也十分强劲。

## 二、健美操运动技术教学指导

### （一）健美操基本动作教学

1. 健美操的手型

（1）合掌，五指并拢伸直

（2）西班牙舞手势。五指用力，小指、无名指、中指自掌指关节处依次弯曲，拇指稍向内扣

（3）分掌，五指用力分开，手腕保持一定的紧张程度

（4）芭蕾手势，五指微屈，后三指并拢，稍内收，拇指内扣

（5）拳，五指弯曲紧握，大拇指压在食指弯曲部位

（6）一指式，握拳，食指伸直或拇指伸直

（7）推掌，手掌用力上翘，五指自然弯曲

（8）响指，拇指与中指摩擦与食指打响，无名指、小指弯曲至握

2. 头、颈部动作

（1）屈

动作描述：头部向前、后、左、右 4 个方向分别做颈部关节弯曲的运动。

注意要点：身体正直，做动作时应缓慢，充分伸展颈部肌肉。

动作变化：前屈、后屈、左侧屈、右侧屈。

（2）转

动作描述：头保持正直，然后头颈部分别沿身体垂直轴向左、右转动 90°。

注意要点：下颌平稳地左右转动。

动作变化：左转、右转。

（3）环绕

动作描述：头保持正直，然后头颈部沿身体垂直轴向左或右转动 360°。

注意要点：转动时头部要匀速缓慢，不要过快。动作要到位，向后转时头要后仰。

动作变化：左或右环绕，两动作一致，方向相反。

3. 肩部动作

（1）提肩

动作描述：脚开立，身体保持正直，然后肩部沿身体垂直轴向上提起。

注意要点：尽可能向上提起，提肩时，身体不能摆动。

动作变化：单提肩、双提肩。

（2）沉肩

动作描述：脚开立，身体保持正直，然后肩部沿身体垂直轴向下沉落。

注意要点：尽可能向下沉落，沉肩时，身体不能摆动，头尽量往上伸展。

动作变化：双肩下沉。

（3）绕肩

动作描述：脚开立，身体保持正直，然后肩部沿身体前、后、上、下四个方向进行绕动。

注意要点：绕肩时，身体不要摆动，动作尽量大，要伸展开。

动作变化：单肩环绕、双肩环绕。

4. 上肢动作

（1）举

动作描述：以肩关节为中心，手臂进行活动。

注意要点：动作到位，有力度。

动作变化：前举、后举、侧举、侧上举、侧下举、上举。

（2）屈

动作描述：肘关节由弯曲到伸直或由伸直到弯曲的动作。

注意要点：关节需要做有弹性的屈伸。

动作变化：胸前平屈、肩侧屈、肩侧上屈、肩侧下屈、胸前上屈、头后屈。

5. 躯干动作

（1）胸部动作

①移胸

动作描述：移胸——髋部位置固定，腰腹随胸部左右移动。

注意要点：移胸时，腰腹带动胸部移动；动作要尽量大。

动作变化：左右移胸。

②含胸、挺胸

动作描述：含胸时，低头收腹，收肩，形成背弓，呼气；挺胸时，抬头挺胸，展肩，吸气。

注意要点：含胸时身体放松，但不松懈；挺胸时，身体紧张但不僵硬。

动作变化：手臂胸前平屈含胸，手臂侧平举展胸。

（2）腰部动作

①屈

动作描述：腰部向前或向侧做拉伸运动。

注意要点：充分伸展，运动速度不宜过快。

动作变化：前屈、后屈、侧屈。

②转

动作描述：腰部带动身体沿垂直轴左右转动。

注意要点：身体保持紧张，腰部灵活转动。

动作变化：迈步移动重心与转腰运动相结合。

③绕和环绕

动作描述：腰部做弧线或圆周运动。

注意要点：路线清晰、动作圆滑。

动作变化：与手臂动作相结合进行腰部绕和环绕。

（3）髋部动作

①顶髋

动作描述：两腿开立，一腿支撑并伸直、另一腿屈膝内扣。

注意要点：动作应该用力且有节奏感。

动作变化：双手叉腰顶髋，左顶。

②提髋

动作描述：髋向上提。

注意要点：髋与腿部协调向上。

动作变化：左提、右提。

③绕和环绕

动作描述：髋做弧线或圆周运动。

注意要点：运动轨迹要圆滑。

动作变化：左、右方向进行绕和环绕动作。

6. 下肢动作

（1）立

①直立、开立

动作描述：身体直立，再双腿打开，做开立动作。

注意要点：直立时身体要抬头挺胸；开立时，脚的间距约与肩相等。

动作变化：先直立，再伸出一条腿做点立或双腿提起做提踵立。动作要舒展。

②侧点立、前点立、后点立、提踵立

动作描述：直立后，大步迈出一腿，做屈动作。

注意要点：步子迈出不能太小，当然也不能过大。

动作变化：前弓步、侧弓步、后弓步。

（2）踢

动作描述：双腿交换做踢腿动作。

注意要点：动作干净利落。

动作变化：前踢、侧踢、后踢。

（3）弹

动作描述：双腿进行弹动动作。

注意要点：双腿弹动要有弹性。

动作变化：正弹腿、侧弹腿。

（4）跳

动作描述：做各种姿势进行腿部练习。

注意要点：跳的时候要有力度和弹性。

动作变化：并腿跳、开并腿跳、踢腿跳。

## （二）健美操组合动作教学

1. 髋部动作组合

髋部动作组合是由健美操的基本动作之一——髋部动作，配以健美操手臂的特色动作组合而成，主要是躯干和上肢运动，它包括左右顶髋、臂屈伸及挥摆等。

动作特点：短小（共 3 × 8 拍），便于记忆，学习后可有充分时间反复进行练习。可通过变换方向重复练习。

音乐选择：旋律清晰、节奏感强的迪斯科音乐，速度为 24 拍 /10 秒。

动作要领：原地顶髋是健美操髋部动作中最基本的一种。开立后左（右）腿屈膝内扣，同时向右（左）顶髋，上体保持正直。

动作要求：髋部动作幅度大，节奏感强；上肢动作到位，有力度，与髋部动作配合协调。

2. 跳步动作组合

丰富多彩、富有弹性的跳跃动作是健美操的特色之一。这套跳跃动作组合共 6 个 8 拍，是由健美操的几种主要的跳步，配以规范有力的上肢动作组合而成。

由于这套组合是在快速跑跳中不断变化上肢动作和身体方向，因此除有益于发展下肢力量外，还有助于提高动作的协调性。

音乐选择：节奏感强的音乐，速度为 26 拍 /10 秒。

动作要求：跳跃轻快，富有弹性；上肢动作到位，有力度；整套动作连贯，节奏准确，富有表现力。

# 第八章 高校球类运动实践指导

## 第一节 篮球运动实践指导

### 一、篮球运动的基本概况

初期的篮球活动，简易而有趣，可以因人、因地、因时、因需而异，也可以变换各种方式组织丰富多彩的活动，参与方便而且容易吸引人们参与，实现娱乐身心、健身强体、丰富生活的目的。篮球运动不仅具有激烈、刺激的竞技性，而且还具有符合全民健身运动的健身性。它已成为当今人们健身的一大球类运动项目。

对于篮球项目而言，快速多变是灵魂，技术对抗是手段，速度力量是保障，投篮得分是目的。速度是竞技运动的生命，是篮球运动进攻、防守、防守反击、攻防转换的关键。有速度才有可能捕捉有利时机、有利位置、摆脱防守、抢断成功、控球得分。经常参加篮球运动有助于人们增强体质、愉悦身心，对锻炼人的综合能力起到积极的作用和影响。

### 二、篮球运动技术教学指导

#### （一）传接球技术

1. 传球技术

（1）双手胸前传球

两手手指自然分开，拇指相对成八字形，用指根以上部位持球，手心空出。两肘自然弯曲于体侧，将球置于胸腹之间的部位，身体成基本站立姿势。传球时，在后脚蹬地、身体重心前移的同时前臂迅速向传球方向伸出，拇指用力下压，手腕前屈，食指和中指用力拨球将球传出。

（2）单手肩上传球

双手持球于胸前，两脚平行而立，传球时（以右手传球为例），左脚向传球方向迈出半步，右手托球，同时将球引到右肩上方，肘部外展，上臂与地面近似平行，手腕后仰。左肩对着传球方向，重心落在右脚上，右脚蹬地，转体，右前臂迅速向前挥摆，手腕前屈，通过食指、中指拨球将球传出。球出手后，右脚随着身体重心前移而向前迈出半步，保持基本站立姿势。

2. 接球技术

（1）双手接球

双手接球时，两眼注视来球，两臂伸出迎球，手指自然分开，两拇指成"八"字形，手指向前上方，两手圈成一个半圆形。当手指触球后，两臂随球后引缓冲来球的力量，两手握球于胸腹之间。

（2）单手接球

如用右手接球，则右脚向来球方向迈出，两眼注视着来球。接球时，手掌成勺形，手指自然分开，右臂向来球的方向伸去。当手指触球时，手臂顺势将球向后下引，左手立即握球，双手将球握于胸腹之间，保持基本持球姿势。

## （二）运球技术

1. 高运球

高运球时两腿微屈，上体稍前倾，眼平视，以肘关节为轴，前臂自然伸屈，用手腕、手指柔和而有力地按拍球的后上方。球的落点控制在运球的手臂的同侧脚的外侧前方，使球的反弹高度于胸腹之间。

2. 低运球

运球时，两腿应迅速弯曲，同时重心下降，上体前倾，球的落点在体侧，用上体和腿保护球，同时，用手腕和手指短促地按拍球的后上方，使球控制在膝关节的高度。

## （三）持球突破技术

1. 交叉步突破

以右脚作为中枢脚为例。两脚左右开立，两膝微屈，身体重心降低，持球于胸腹之间；突破时，左脚向左前方跨出，假装做向左侧突破，当对手重心向左偏移时，右脚前掌内侧迅速蹬地，上体向右转体探肩，左肩向前下压，重心向右前方移动，左脚迅速向右侧前方跨出，同时将球移于右侧，推放球于左脚外侧，右脚用力蹬地向前跨出，迅速超越对手。

2. 顺步突破

以左脚作中枢脚为例。准备姿势和突破前的动作要求与交叉步突破相同。突破时，假做投篮，当对手重心前移时，右脚迅速向前方跨出一步，上体向右脚外侧偏前方，左脚前脚掌迅速蹬地，向前方跨出运球突破防守。

3. 行进间突破

在快速移动中，看到同伴传来的球，应快速向来球方向伸臂迎球，同时用一脚（侧向移动时用异侧脚）蹬地，两脚稍离地腾起，向侧方或前方跃出接球，形成与防守队员的位置差，两脚先后或同时落地。落地后，屈膝降重心，保持身体平衡并注意保护好球。依据防守队员的位置和具体情况，快速选择交叉步或同侧步突破。

### （四）投篮技术

1. 原地单手肩上投篮

以右手投篮为例。两脚开立，两膝微屈，身体重心在两脚之间，上体稍前倾，右手翻腕托球于右肩前上方，手指自然张开成球状，手心不要贴球，球的重心要落在中指和食指之间，左手帮助扶在球的侧下部，右肘自然下垂，腕关节放松；下肢蹬地的同时，右臂向前上方伸展，手腕向前扣动，手指拨球，将球柔和地送出。球出手后，手腕放松，手指自然向下。

2. 行进间单手肩上投篮

跑动中右脚跨步时接球，左脚跨步迅速蹬地起跳，右腿屈膝上抬，同时举球至右肩上，腾空后当身体接近最高点时，右臂向前上方伸出，手腕前翻，食、中指拨球，通过指端将球投出。投篮出手后，两脚同时落地，两腿弯曲，以缓冲落地产生的力量。

### （五）防守技术

1. 防无球队员

（1）防接球

防接球是防守对手无球时的首要任务，必须在对手接球前就开始防守，要有预测性并积极采取行动去限制或减少对手接球，特别是在有效攻击区内接球。即便是在处于被动的情况，也要积极跟防、追堵，破坏对手顺利地接球，使其不能立即采取攻击行动，以利自己调整位置。要始终保持对手和球在自己的视线范围之内，要做到人球兼顾，保持良好的防守姿势，屈膝降低身体重心，以便应变起动，要特别注意起动与移动步法的衔接和平衡的控制。在动态中要使自己处于“球—我—他”的有利位置上，同时伸出同侧手臂挡在传向自己对手的来球路线上，另一手臂要伸向对手可能切入的方向。在常规情况下，仍要形成“球—我—他”钝角三角形。防接球时，丝毫不能放松对其摆脱或切入的警惕。

（2）防切入

防切入是指对进攻队员企图切入或已摆脱切入的防守。防切入最忌的是看球不看人，一定要遵循“人球兼顾、防人为主”的原则，一旦对手有所行动，必须采取个步堵截、凶狠顶挤、抢前等防守方法，使其不能及时起动或降低其速度。如果对手迎球方向切入，则主动堵前防守，背对球方向则防其后，目的都是切断对手接球路线。对手切入后只要没有获球，其威胁会大大降低。关于溜底线的切入，通常有两种跟防方法：一是背向球，面向对手、观其眼神，封阻其接球；另一种是用后转身，面向球，背靠防守用手触摸，紧贴其身跟随移动。防反切则以后脚为轴快速向内侧转身，快速堵逼，抢占近球内侧位置，不让对手接球，并准备断球和打球。

（3）防摆脱

防摆脱是指对无球进攻队员摆脱的限制和封堵。一般来讲，进攻队员在后场的摆脱，主要是快下接球攻击，防守队员必须积极追防，并注意传向自己对手的球，抢在近球侧的路线上准备堵截。比赛时要想完全控制进攻队员无球时的行动是很困难的，主要是不能失去防守队员有利的位置。如阵地进攻时，对手采取先下后上、先左后右的摆脱，即便是对手接到球，但还可以继续进行防守；内线队员向外移动，可以采取错位防守或利用绕步、攻击步抢前防守，近球一侧手臂干扰其接球，另一手臂则应伸出，防其转身、背切等行动，关键在于不让他抢占有利位置，尽可能封堵接球路线，不让他轻易接到球。

2. 防守有球队员

（1）防传球

持球队员离球篮较远时，其主要的传球意图是向中锋供球和转移球。防守时要根据其位置和视线，判断其传球意图，控制其进攻性的传球。对手离篮较近时，主要防其突然传（分）球，应注意对手眼神和假动作——往往是眼向上看，球向下传；眼向右看，球向左传等。防守队员要精神集中，随球动而采取打、封、阻动作。打球时以肘关节为轴，前臂上下、左右迅速屈伸。必要时配合脚的动作，用抢、打、断球破坏其传球。

（2）防运球

在一般情况下，为了不让对手运球超越自己，防守队员应与对手保持一臂左右的距离，两臂侧下张，两腿弯曲，在积极移动中保持正确的防守姿势，准确判断，随时准备抢、打球。如果要使防守具有攻击性，也可以采用贴近对手的平步防御，以扩大防守范围，增加对手做动作的难度。防守持球队员要根据对手的特点和本队的策略，采用不同的防守方法和策略，如为了达到一定的战术目的，可采用放其一侧，堵中放边的策略，诱使对方向边线运球，然后迫使其停止运球，形成夹击防守。

（3）防投篮

防对手中距离投篮时，应站在对手与球篮之间贴近对手的位置上，两脚前后斜立，屈膝直腰，前脚同侧手伸向对手瞄篮的球，并积极挥动，干扰和影响其投篮，重心略偏前脚，并稍微提踵，脚下要不停地进行前后碎步移动。另一臂侧张，以防其传球和保持自身平衡，以便随时变换防守动作。如果防守队员距离对手较远时，应在对手接到球的同时，迅速移动到适当距离的位置上：如果对手已接到球，而防守队员的距离较远时，防守队员就应积极挥摆前伸的手，同时积极移动脚步，逐渐接近对手，防止其接球后立即投篮。防守队员向前移动时切忌步幅太猛和过大，以免失去身体平衡，使对手获得突破的机会。如果投篮队员进行投篮时，或防守队员上步不及时，则应随对手的出球动作，迅速顺势起跳，单臂上伸封盖，影响其投篮的方向和出手的角度。

（4）防突破

防突破的位置和距离的选择，应根据持球的对手离球篮的远近和对手的特点而定。对手距球篮远，又善于突破时，防守队员应以防突破为主，抢占持球队员与球篮之间贴近对手的位置，做好防守姿势。如持球队员由投篮变为向防守队员左侧突破时，防守队员的前脚应迅速用前脚掌内侧用力蹬地，撤步并迅速向左侧斜后方滑步，阻截其突破路线；如进攻队员变投篮向防守队员右侧突破（交叉步突破）时，防守队员应迅速蹬地向右侧斜后方做后撤步，并伴随对手做横滑步，阻截其突破路线，使其被迫改变动作方式和动作方向。

## 第二节　排球运动实践指导

### 一、排球运动的基本概况

排球是一项深受广大群众喜爱的体育活动，是两队各六名队员在长 18 米、宽 9 米的场地上，从中间隔开的球网（男子网高 2.43 米、女子网高 2.24 米）

上方，根据规则运用各种击球技术，进行集体的攻防对抗，不使球在本方场内落地的一种球类运动。

排球运动在我国是一项开展得比较普遍的球类运动，由于排球规则容易掌握，场地设备要求不高，并且运动量和运动负荷便于调整，因此，它更加适合不同年龄、不同性别的群体。同时排球运动能促进身体的全面发展，增进内脏器官的功能，提高弹跳、灵敏、耐力、速度、力量等身体素质以及反应能力。在培养人们团结奋斗的集体主义精神、精确快速的判断能力以及勇敢、顽强、坚韧等意志和品质上也有着突出的作用。

## 二、排球运动技术教学指导

### （一）发球技术

1. 正面上手发球

面对球网，两脚自然开立，左脚在前，左手持球于体前。用抬臂和手掌的平托上送，将球平稳地垂直抛于右肩的前上方，高度适中。在抛球的同时，右臂抬起，做屈肘后引的姿势，挺胸，抬头，肘与肩平行，上体稍向右侧转，注意球下落的时机。利用蹬地转体和迅速收腹的动作来带动手臂自然有力地快速挥出，其身体重心自然向前移至左脚，用全掌击球的中下部，同时手腕应有向下推压的动作，使球成上旋的运动形式飞行。击球时，手指自然张开吻合球。击球后，随着重心前倾，迅速落位进入比赛。

2. 正面下手发球

面对球网，两脚前后开立，略同肩宽，左脚在前，两膝微屈，上体稍前倾，重心偏向于后脚，左手持球放于腹前。左手将球轻轻抛起在体前右侧，抛向约离身体正前方的 40 厘米处，高度离手 20 厘米。在抛球之前，右臂伸直，以肩为轴摆向身体的右侧后下方。借右脚蹬地力量，身体重心随着右手向前摆动击球而移至前脚上。在腹前以全手掌击球的后方。随着击球动作重心前移，迅速入场。

3. 跳发球

站位于距端线 3 ～ 4 米处，单手或双手向前上方将球抛起，一般抛至离地面高 3.5 ～ 4 米，落点在端线附近，随着抛球离手向前助跑跳起。起跳时两臂要协调摆动，摆幅要大。击球时利用收腹和转体动作带动手臂挥动。击球点保持在右肩前上方，手臂伸直，利用全手掌击球的中下部，且有推压动作，使球呈上旋飞行。击球后，双膝缓冲，双脚落地，迅速入场。

## （二）传球技术

1. 正面双手传球

采用稍蹲准备姿势，上体稍挺起，仰头看球，两手自然抬起，屈肘，放松置于额前。当来球接近额前时，开始蹬地、伸膝、伸臂，手指微张从脸前向前上方迎出。全身各部位动作应协调一致。击球点在脸额前上方约一球距离处。在迎球动作的基础上，当手和球即将接触前，手腕和手指要有前屈迎球的动作，当手和球接触时，各大关节应继续伸展，最后通过手指手腕的弹力将球击出。

2. 背传

身体的背面正对着传球的目标，上体保持正直或稍微后仰，把球垫向目标为背向传球。球来时，头稍后仰并挺胸，上体向后上方伸展的同时配合下肢蹬地。击球时，手腕适当后仰，使掌心向后上方，击球的底部，利用蹬地、送髋、抬臂、送肘、手指、手腕主动向上方的力量将球向后上方传出。

3. 跳传

根据一传球的高低，及时起跳，手放在脸前，当身体上升到最高点时，靠伸臂动作和手指手腕的弹击力量将球传出。由于在空中无支撑点，用不上蹬地力量，只有靠伸臂动作将球传出，因此必须在身体下降前传球出手，才能控制传球力量。

## （三）垫球技术

1. 正面双手垫球

看清来球的落点后，迅速移动到位，对准来球，成半蹲准备姿势站立。两手抱拳互握，两拇指平行朝前。两臂自然伸直，两臂稍外展靠拢，手腕下压，手腕关节以上的前臂形成一个点击的平面。身体对准来球后，手臂迅速插入球下，击球时，蹬腿提腰，重心随之前移，同时靠两臂相夹，含胸收肩、压腕抬臂等动作的密切配合，将球准确地垫在小臂上。在垫击的一瞬间，两臂要保持平稳固定。击球时，身体和两臂要有自然的随球伴送动作，以便控制球的落点和方向。通常在来球与腹前约一臂距离时，两臂加紧前冲，插入球下，使击球点始终保持在腹前，用前臂腕关节以上 10 厘米左右梯骨内侧平面触球为宜，将球垫出如来球的力量小或垫击的球距离远，垫击必须加上抬臂动作，给球以反击力；如来球的力量大或垫出的球距离近，则只需轻轻一垫，靠反弹力垫起；有时来球力量很大，为了缓冲来球的力量，手臂还需顺势后撤，加上含胸收腹的协调力，使球得到缓冲后垫出。一般来说，垫球的用力大小与来球的力量成反比，与垫出球的距离成正比。要根据来球的角度和要求垫出的方向，运用入射角近似于反射角的原理，调整手臂与地面的角度和左右转动手臂平面来控制垫球方向。来球弧度较平要求垫出的球弧度平时，手臂角度应大，反之，应小。

2. 体侧垫球

来球飞向体侧，来不及移动对准来球时，可用双臂在体侧进行垫击。当球向左侧飞来，右脚前脚掌内侧蹬地左脚向左跨出一步，重心随即移至左脚上，左膝弯曲，同时两臂夹紧向左侧伸出，右肩微向下倾斜，用向右转腰和收两前臂垫击球的后下部。切忌随球向左侧摆臂击球，这样会导致球飞向侧方。

3. 背垫球

背向垫球时，要判断好球飞行方向，迅速移动到球的落点上，背对出球方向（要清楚地了解方位和距离），两臂夹紧伸直，击球点最好高于肩。击球时要抬头挺胸，展腹后仰，直臂向上方摆动抬头。

4. 单手垫球

当来球低、球速快、在体侧距离远来不及用双手垫球时，可以用单手垫球的方式。来球在右侧远处时，迅速移动接近球，最后右脚跨出一大步，上体向右倾斜，右臂伸直自右后方向摆动，用前臂内侧、掌根或虎口处击球的下部。

### （四）扣球技术

1. 正面扣球

（以右手扣球为例）扣球助跑前应该采用稍蹲姿势，两臂自然下垂，观察判断来球。助跑的作用是为了接近球，选择适宜的起跳地点，同时也起到增加弹跳的作用，助跑时要根据球的远近和个人的习惯采用一步、两步、三步或多步法。（以两步助跑为例）助跑时，左脚先向前迈出一步，这一步要小，接着右脚再迅速跨出一大步，左脚及时跟上，踏在右脚之前，两脚尖稍向右转，并以右脚的脚跟先着地过渡到全脚掌着地，两臂由体前经体侧摆至体后上方，上体前倾，接着重心前移并降低重心，两膝弯曲并内扣，准备起跳。第一步是决定助跑的方向，第二步起到调整作用，使起跳的位置正确，起跳后保持好正确的击球点。起跳的目的不仅在于获得高度，而且还为了掌握扣球的时机和选择适当的击球位置。击球是扣球技术的关键环节。起跳后，挺胸展腹，上体稍向右转，右臂向后上方抬起，起跳后，挺胸展腹，上体稍向右转，右臂向后方抬起，身体呈反弓形，利用含胸吸腹，带动肩、肘、腕各关节鞭甩动作向前上方挥动，使全身的协调用力集中于手上，以加大击球力量。击球时，五指微张呈勺形，并保持紧张，掌包满球，击球的后中部，同时主动用力屈腕屈指向前推压，使扣出的球加速上旋。落地时，应力争双脚尽快同时着地。以前脚掌先着地再过渡到全脚掌着地。同时顺势屈膝、收腹，以缓冲下落力量，并立即做好下一个动作的准备。

2. 单脚起跳扣球

单脚起跳扣球的助跑角度要小，单脚起跳动作要求以扣球手手臂一侧的一脚蹬地踏跳，同侧腿迅速向上摆动，带动身体上升。即在助跑过程中，右脚落地时，左脚向前跨出一大步并蹬地起跳，右脚向上摆动，同时配合展腹的挥摆，帮助起跳并提高弹跳高度，起跳后注意保持好气球点，按照正面扣球动作击球。

## （五）拦网技术

1. 单人拦网

队员面对球网，两脚平行开立，约与肩同宽，离网 30 ~ 40 厘米。两膝稍屈，两臂在胸前自然弯曲。注意观察和判断对方场上队员的行为和球的飞行情况，随时准备移动和拦网。

为了及时对正扣球，可根据各种情况采用并步、交叉步、滑步等移动步法，迅速取好起跳点，准备起跳。原地起跳时，重心降低，两膝弯曲，用力蹬地，使身体垂直起跳。

起跳时，两手从额前贴近并平行球网向网上沿的前上方伸出，两臂伸直，两肩尽量上提。拦网时，两臂尽力过网伸向对方上空，两手接近球，并自然张开，当手触球时，两手要突然紧张，手腕用力下压盖住球的前上方。手腕的主动用力盖帽捂球，使球反弹角度小，对方不易防守，为了避免打手出界，2、4 号位队员的外侧手掌心要向内转。

选择拦网的部分不能只根据球的位置，更主要的是根据扣球人的动作。除事先了解扣球人的特点之外，主要根据扣球人的身体位置和挥臂方向。因此，在根据球的位置起跳时，就要把注意力转移到扣球人的动作上，最后根据其挥臂方向，判断球的过网位置，双手最后伸向这个部分拦网。如果已伸手拦网后，又发现扣球人转变扣球方向，也可采用空中移位拦网，伸向对方扣球方向那一侧的手，手腕可以加侧倒动作，扩大拦区。

如已将球拦回，则可面对对方，屈膝缓冲，双脚落地。如未拦到球，则在下落时就要随球转头，并以转头方向相反的一只脚先落地，随即转身面向后场，准备接应来球或做下一个动作的准备。

2. 集体拦网

（1）双人拦网

双人拦网是集体拦网的主要形式。双人拦网，主要由 2、3 号位或 3、4 号位队员组成。根据对方不同的进攻位置，其具体分工也不同。当对方从 4 号位组成拉开进攻时，应以本方 2 号位队员为主，3 号位队员移动并拢协同配合拦网，组成双人拦网；如果球较集中，则以 3 号位队员为主，2 号位队员进行配合拦网。当对方从 3 号位进攻时，一般应以本方 3 号位为主，4 号位协同配合；若对方从 2 号位进攻，则以本方 4 号位队员为主，3 号位队员进行协同配合拦网。

（2）3 人拦网

3 人拦网，多在对方进行高点强攻的情况下运用，在组成 3 人拦网时，不论对方从哪一个位置进攻，都应以本方 3 号位队员为主拦者，两边队员主动配合拦网。

# 第三节　乒乓球运动实践指导

## 一、乒乓球运动的基本概况

乒乓球运动是于 19 世纪中末期在英国产生的，并且逐渐在欧洲流行起来。其起源与网球的发展有着非常密切的关系，乒乓球运动英文名为 Table Tennis，即桌上网球。据记载，大约在 19 世纪后半叶，由于受到网球运动的启示，在一些英国大学生中，流行着一种极类似现在乒乓球的室内游戏，发球时，可将球直接发到对方台面，亦可把球先发到本方台面再跳至对方台面。球拍是空心的，用羊皮纸贴成，形状为长柄椭圆形。为了不损坏家具，在橡胶或软木实心球外，往往包一层轻而结实的毛线。有时，在饭桌上支起网来打；有时索性就在地板上用两把椅子当作支柱，中间挂起网来打。虽然打起来不十分激烈，但颇有一番趣味。这种游戏当初叫作“弗利姆—弗拉姆”（Flim—Flam），又称为“高西马”（Goossime）。

乒乓球运动能够有效增强身体素质，改善身体的各项机能，有效增强体质。乒乓球运动能够有效锻炼反应速度，增强反应的灵活性。除此之外，还能有效促进参与者之间的交流，增进人际关系。

## 二、乒乓球运动技术教学指导

### （一）发球技术

1. 正手平击发球

正手平击发球是初学者最基本的发球方法。其速度应一般，略带上旋。动作是站位近台中间偏左处，抛球同时向右侧上方引拍，上臂带动前臂向前平行挥动，拍形稍前倾，在球的下降期击球的中上部向前方发力，使球的第一落点在球台的中段附近。

#### 2. 反手发右侧上（下）旋球

反手发右侧上（下）旋球以旋转变化为主，飞行弧线要向左偏拐，对方回球时容易出现向其左侧上（下）反弹。其能很好地起到迷惑对方的作用。右脚稍前，重心在腰、臂协调用力，有利于加大发球的速度和力量。

### （二）接发球技术

首先，接发球时，要合理选择站位。一般来讲，如果对方站在球台左半台，本方也应站在球台的左半台；若对方站在球台的右半台，本方也应相应调整至球台的中间偏右位置。一般站位离球台 30 ～ 40 厘米为宜。

其次，接发球时，要正确判断来球路线，判断上避免出现大的偏差，才能谈得上更好地运用接发球技术。

### （三）攻球技术

1. 正手攻球

（1）正手快攻

左脚稍前，身体离球台约 40 厘米。击球前，持拍手臂要右前伸迎球，前臂自然放松，球拍呈半横状。当球从台面弹起时，前臂和手腕向前上方挥动，并配合内旋转腕的动作，使拍形前倾，在上升期击球中上部。拍触球刹那，拇指压拍，同时加快手腕内旋速度，使拍面沿球体做弧形挥动。击球后，挥拍至头部高度。

（2）正手拉攻

攻球时，左脚稍前，身体离球台约 60 厘米。击球前，持拍手臂向右后下方引拍，球拍比半横状略下垂些，拍形稍后仰。当球从高点开始下降时，上臂由后向前上方挥动，在将触球前，前臂加速用力向左上提拉，同时配合手腕动作向上摩擦球，在下降期击球中部或中下部，拍形接近垂直。遇来球低或下旋较强时，腰部应配合向上用力。击球后，要随势将球拍挥至额前，重心移至左脚。

2. 反手攻球

（1）反手快攻

右脚稍前，身体离球台约 40 厘米。持拍手臂自然弯曲，将球拍移至腹前偏左的位置。击球时，前臂和手腕向右前上方挥动，同时配合外旋转腕动作，使拍形前倾，在上升期击球中上部。击球后，随势将球拍挥至右肩前。

（2）反手拉攻

右脚稍前，身体离球台约 60 厘米。击球前，持拍手臂的上臂靠近身体，前臂向左下方移动，将球拍移至腹前偏左的位置，球拍略下垂并稍低于台面，拍形稍后仰。击球时，上臂稍向前，同时配合向外转腕动作，前臂向右前上方迅速挥动，在下降期击球中部或中下部，腰部应辅助用力。击球后，随势将球拍挥至额前，身体重心移至右脚。

### （四）搓球技术

1. 慢搓

反手慢搓的站位是右脚稍前，身体离球台约 50 厘米，持拍手臂向左上引拍。击球时，前臂和手腕向前下方用力，同时配合内旋转腕的动作，拍形后仰，在下降后期搓击球中下部。击球后，前臂随势向前送。

2. 快搓

右脚稍前，身体靠近球台。来球在身体左侧时，可运用反手搓球。击球时，上臂迅速前伸，前臂跟随向前，拍形稍后仰，利用上臂前送力量，在上升期击球中下部。来球在身体右侧，可以运用正手搓球。搓球时，身体稍向右转，手臂向右前上引拍，然后前臂和手腕向前下方用力，在上升期击球中下部。

3. 摆短

摆短具有动作小、回球快、弧线低、落点近网的特点。用以还击近网下旋来球很有效，但对付长球或不转球有一定难度。其动作与快搓基本相同，但击球时间相对提前（上升前期）。在将触球时，手臂停止前伸，利用来球的反弹力，向前下方摩擦球的中下部，手腕要有一定的减力动作，还可略带侧向摩擦，以便起到缓冲作用。

4. 劈长

劈长具有速度快、线路长、旋转强，弧线低平、出手凶狠等特点。常使对方无法获得上手进攻所必需的引拍距离，在接发球时与摆短配合运用能起到更好的效果。动作与一般搓球类似，但引拍稍高（须高于来球），在高点期（或上升后期）触球，前臂带动手腕快速向前下方砍击，发力集中，动作幅度较大，身体重心要随摩擦球的方向同时跟出。

### （五）弧圈球技术

1. 正手弧圈球

（1）正手高吊弧圈球

两脚开立，右脚稍后，身体略向右转，两膝微屈，重心放在右脚上。准备击球时，持拍手臂自然下垂，并向后下方引拍，右肩略低于左肩，拇指压拍使拍形略为前倾，呈半横立状，并使拍形固定。当来球从台面弹起时，手臂向前上方挥动，前臂在上臂带动下爆发性用力做快收动作。将触球时，手腕向前上方加力，在球下降期用拍摩擦球的中上部。球拍擦击球时，要注意配合腰部向左上方转动和右腿蹬地的力量。击球后，重心移至左脚。

（2）正手前冲弧圈球

两脚开立，右脚稍后，身体略向右转，重心放在右脚上，将球拍自然地拉至身后（约与台面同高），拍形保持前倾，与地面成35° ~ 40° 夹角。当球从台面弹起还未达到最高点时，腰部向左转动，手臂向前上方挥出，前臂在上臂的带动下，迅速内收，手腕略转动，在高点期或下降期前用拍擦击球的中上部，使之成较低的弧线落在对方的台面上。击球后，重心移至左脚。

2. 反手弧圈球

两脚平行或左脚稍后站立，两膝微屈，重心较低。击球前，将球拍引至腹部下方，腹部略内收，肘部略向前，手腕下垂，拍形前倾。当球从球台弹起时，以肘关节为轴，前臂迅速向上挥动，结合手腕向上转动的力量，在下降期用拍擦击球的中部或中上部。在击球过程中，两腿向上蹬伸。

### （六）削球技术

1. 远削

（1）正手远削

两脚分开，右脚稍后，身体略向右转，手臂向右后上方移动，前臂提起，球拍上举。当来球跳至下降后期，随着身体的向左转动，上臂带动前臂同时向左前下方用力，拍面后仰，触球中下部，手腕有一摩擦球的动作。

（2）反手远削

基本同正手削球，但方向相反。反手削球引拍动作要有节奏。

2. 近削

（1）正手近削

动作与远削有相同处。与远削动作不同之处有，以向上引拍为主，拍形近似垂直或稍稍后仰，整个动作以向下为主，略带向前向左，在来球的上升后期或高点期触球的中下部（比远削偏中部），动作速度比远削要快。

（2）反手近削

与正手近削相同，但方向相反。引拍动作应适当加快。

# 第四节　羽毛球运动实践指导

## 一、羽毛球运动的基本概况

羽毛球运动有着非常悠久的历史，从《大不列颠百科全书》的记载中我们可以看到，早期的羽毛球游戏从两千多年前就已经在世界一些地区流行了，但是，对于羽毛球运动的起源，至今也还没有较为确切的说法。其中，人们最认可的观点是羽毛球是由毽子球游戏演变而来的。

在羽毛球运动中，可以通过挥动球拍，将球击过有一定高度的球网，羽毛球能充分展示出击球者灵活、机智、潇洒的气质，并引起浓厚的运动兴趣和愉悦的心情，全面提高练习者的体质。在羽毛球运动过程中，练习者通过在前场和后场的快速移动，中场的起跳扣杀、跨步救球，网前的轻吊，双打时的配合换位等，能很好地增强其力量素质、速度素质、灵敏性素质和柔韧性素质等。经常从事羽毛球运动可以增强人体的灵活性和协调性，可以提高人的上下肢及躯干的活动能力，改善呼吸系统和心血管系统的功能，增加肺活量，增强代谢功能，改善吸氧能力，增强体质，提高免疫功能，缓解疲劳。

## 二、羽毛球运动技术教学指导

### （一）发球技术

1. 正手发球

（1）正手发高远球

完成正确的站位和准备姿势后，开始准备挥拍击球，直至完成一系列动作。

挥拍时，先放球，右手的大臂带动小臂，从右后方向左前上方挥动的同时，右脚蹬地，腰腹向正前方转动，同时身体重心随势前移。

击球时，要使下落的球与拍面在身体右侧前下方的交叉点碰触，球触拍面的中上部。击球瞬间，握紧球拍，闪动手腕，向前上方鞭打击球，在击球的同时，手臂随击球后的惯性自然往左肩上方挥起，同时身体重心也由右脚移至左脚。

击球后，重心下沉，微屈双膝，随时准备回击对方的来球。

（2）正手发平高球

发球前，站在离前发球线 1 米左右发球场区中线附近；面对球网，两脚自然开立，左手持球，自然弯曲置于胸前，左脚在前，右脚在后。身体重心放在右脚上，身体略微向后仰，右手向右后侧举起，肘部稍弯曲。

挥拍时，左手把球在身体靠右前方并放下，使球下落，右手同时挥大臂带动小臂，小臂加速自右后方往左前方挥动球拍。

击球时，球落到击球人腰部稍下的一刹那，握紧球拍，手腕向前上方击球，瞬间前臂加速带动手腕发力，拍面稍向前上方推进，动作幅度小于发高远球。触球时拍面仰角要小于 45° ，拍面稍向前推送击球。从小臂起动到最后球拍击球的整个过程就像甩鞭子一样。

发球后，应迅速还原，准备回击。

2. 反手发球

（1）反手发平快球

发球前，站位要与准备姿势与反手发网前短球基本相同。击球时，手要紧握拍柄，加快挥拍速度，掌握好拍面角度，用“甩”腕与手指动作配合的爆发力，将球向前或前上方击出。

（2）反手发网前短球

面向球网，两脚前后开立，上体稍前倾，将身体重心放到前脚上。右手臂屈肘，用反手握拍法将球拍斜下举在腰下。击球时，瞬间利用前臂带动手腕、手指向前横切推送，让球贴网而过落在近网处。发球挥拍较慢，发力轻，球的落点近网。

### （二）接发球技术

1. 接高远球

对方发高远球或平高球时，通常会采用平高球、吊球或杀球来进行还击。一般来说，接发高远球是一次进攻的机会，还击得好，就掌握了主动。一些初学者常因后场技术没掌握好，还击球的质量较差，以致遭受到对方的攻击。

2. 接网前球

对方发来网前球时，通常会采取平高球、高远球、放网前球、平推等技术来进行还击；如对方发球质量不好，也可用扑球还击。根据对方不同的发球技术，在洞察对方发网前球的意图的基础上，要根据场上的情况、对手的特点以及自己的战术设计来做最佳的还击。

3. 接平快球

对方发来平快球时，可用平推球、平高球还击，以快制快。由于接球方还击的击球点比发球方高，下压狠一些可以夺取主动。另外亦可以运用高远球还击，以逸待劳。不能仓促还击网前球，因为如果击球质量稍差，就有可能遭到对方的进攻。

### （三）网前击球技术

1. 放网前球技术

（1）正手放网前球

击球前，准确判断来球路线和落点，快速上网，侧对球网。最后一步左脚在后，右腿跨成弓箭步，重心放在右脚，正手握拍，做好放网前球准备。球拍随着前臂向右前上方斜举，当球拍举至最高点时，前臂开始外旋转动，手腕稍后伸，左臂自然后伸，起到平衡作用，这就是网前进攻技术击球前期动作的一致性。

击球时，前臂稍外旋，手腕由后伸至稍内收闪动，握拍手的食指和拇指夹住球拍，中指、无名指、小指轻握拍柄，使球拍在手腕和手指的挥摆用力下，轻击球托把球轻送过网。放球后，身体还原至准备姿势。

（2）反手放网前球

击球前动作同正手放网前球，不同在于方向相反，反手握拍，反面迎球。

击球前，要准确判断来球路线和落点，快速向前左侧上网，最后一步右脚在前，左脚呈弓箭步，将身体重心放在右脚上，侧身对网。击球时，主要靠前臂的前伸、外旋和手腕由内收至外展的合力，轻击球托底部把球轻送过网。击球后，整个动作还原成下次击球的准备姿势。

2. 网前勾球技术

（1）正手勾球

击球前，依据来球快速上网，与此同时，手握球拍向右前方举起。侧身对网，重心在右脚；握拍小臂前伸，稍有外旋，手腕稍后伸，手腕、手指自然放松；拍柄稍向外捻动，拇指贴在拍柄宽面，食指第二指节贴在拍柄背面宽面，拍柄不触掌心。

击球时，小臂稍内旋，手腕由稍后伸至内收腕，肘部略回收，拍面朝对方右网前拨击球托侧底部，球沿网的对角线飞越过网。击球结束后，持球拍的手臂回收至体前，做好迎接来球的准备。

（2）反手勾球

击球前，依据来球手臂前伸，球拍平举。准备击球时，肘部突然下沉，同时小臂略有外旋。

击球时，击球瞬间，手腕由屈腕到伸腕闪动，拇指内侧和中指将拍柄向右侧一拉，其余的手指突然紧握拍柄，球拍背面朝对方左网前拨击球托侧底部，球沿网对角线飞越过网。击球结束后，持球拍的手臂回收至体前，做好迎接来球的准备。

3. 网前搓球技术

（1）正手搓球

做好击球准备，正手搓球击球前，要求上网步法速度快。左脚蹬地，右脚向网前跨呈弓步，侧身对网，重心在右脚，左手自然后伸，以保持平衡。持拍手臂向前伸出，以肘为轴，前臂做外旋动作，手腕外展，出手要快，握拍手腕和手指自然放松。

击球时，前臂稍外旋，拍面与球网成斜面向前。用手指控制好拍面并发力，使搓出的球尽可能地贴网而过；挥拍时，腕部由展腕至收腕闪动，带动手指向前“切削”，搓击球托侧底部，球呈下旋翻滚过网；或腕部有收腕至展腕闪动，带动手指离网“提拉”，搓击球托侧底部，球呈上旋翻滚过网。要注意，挥拍力量和拍面的角度大小，根据来球时离网的远近而定。

（2）反手搓球

击球前，同样要求快步上网。左脚蹬地，右脚向网前跨成弓步，侧身背对网，重心在右脚，握拍手臂向前伸出，出手要快，手腕、手指自然放松，前臂稍上举，收腕前屈，握拍手部高于拍面，反拍迎球。

击球时，主要靠前臂的前伸外旋和手腕由内收至外展的合力，带动手指离网“提拉”，搓击球托的侧底部，使球呈上旋翻滚过网。做这一技术动作时，要注意球不是被弹出去的，而是被手腕和手指的力量搓出去的，不要忽视击球时手指的捻动动作。

4. 网前推球技术

（1）正手推球

准备击球时，肘关节微屈回收，小臂稍外旋，收腕后伸，球拍向后摆，小指、无名指稍松开，使拍柄稍离鱼际肌。

击球时，身体稍前移，小臂前伸并带内旋、收腕，手指控制拍面角度，收腕由后伸至闪动，食指前压，小指、无名指突然握紧拍柄；球拍急速推击球，球沿边线飞向对方后场底角；击球瞬间，拍面几乎与球网平行。正手推直线球时，击球点在身体右前方，推对角球时，击球点在近肩侧前方。

（2）反手推球

击球前，准备姿势与反手网前搓球类似。准备击球时，小臂向左胸前收引，屈肘屈腕。

击球时，小臂前伸略带外旋，收腕由屈到伸“闪”动，中指、无名指和小指突然握紧拍柄，大拇指顶压，向前挥拍，推击球托侧底部，将球推击到对方后场底线。反手推直线球时，击球点在身体左前方，推对角球时，击球点在近肩侧前方。

5. 网前扑球技术

（1）正手扑球

击球前，准确判断来球的高度和路线，依据来球快速蹬步上网，身体右侧扑向网，球拍随手臂向右前伸，斜上举，拍面朝前。准备击球时，小臂外旋，收腕关节后伸，小指、无名指稍松开，使拍柄离开鱼际肌。

击球时，收腕由后伸到屈腕闪动，运用小臂、收腕和手指力量向前下方“闪”击球，球拍触球后立即收回，或靠手腕由右前向左前“滑动”式挥拍扑球，以免球拍触网违例。

扑球后，球拍随手臂向右侧前下方回收。做好迎接下一来球的准备。

（2）反手扑球

击球前，反手握拍于左侧前，当身体向左侧前方跃起时，持拍手小臂前伸、上举，收腕外展，拍面正对来球。

击球时，手臂伸直，手腕由外展到内收闪动，手握紧拍柄，拇指顶压，加速挥拍扑击球；击球后即刻屈肘，球拍回收，以免球拍触网违例。

### （四）低手击球技术

1. 挑高球

（1）正手挑高球

击球前，判断来球，快速上网，左脚积极蹬地，右脚跨步向前呈弓步，侧身对网，重心在右脚。正手握拍，手臂自然向右前方伸出，小臂外旋伸腕，左臂自然向后伸起平衡作用。击球时，以肘关节为轴，小臂带动手腕快速由右下方向前上方呈半圆形挥拍击球。

（2）反手挑高球

击球前，判断来球，快速上网。左脚积极蹬地，右脚跨步向前呈弓步，重心在右脚，侧身背对网。反手握拍，手臂向左前方伸出，小臂内旋屈肘、屈腕，左臂自然后伸起平衡作用。击球时，以肘关节为轴，小臂带动手腕快速由左下方向前上方呈半圆形挥拍击球。

2. 接杀球

（1）挡网前球

正手挡网前球：接球前，身体移至右场区并右倾，手臂右伸，前臂外旋，手腕外展。击球时，前臂内旋稍翻腕，带动球拍由右下向前上方挥动击球，把球挡向直线网前；也可以在击球时前臂由外旋到内收，带动球拍由右向前切送挡直线网前球。击球后，身体左转成正面对网，然后右脚上前一步，球拍随身体向左转收至体前。然后还原成准备姿势，做好迎接下一来球的准备。

反手挡网前球：接球前的准备姿势同正手相似，但动作方向与正手握拍法相反。左脚向左侧跨出一步，身体左倾，屈右肘，小臂内旋，手腕外展。击球时，借来球冲力，拍由左上方向左前方用拇指的顶力挥拍轻击球托，把球挡回直线网前。击球后，面对网，球拍随身体的移动收至体前。

（2）平抽反击球

准备反击球时，站在球场中心附近，两脚左右开立，两膝微屈，面向球网，准备。右手持拍在体前，准确判断来球，左（右）脚向左（右）侧跨步到位，引拍至左（右）侧后。

正手平抽球时，小臂要由外旋转为内旋，手腕由伸腕至伸直闪动，手指握紧拍柄，大多数用食指的力量向前发力挥拍击球。

反手平抽球时，小臂要由内旋转为外旋，手腕由稍内至外展收闪动，手指突然握紧拍柄，大多数用拇指的反压力，向前稍上挥拍进行击球。

3. 抽球

（1）正手抽底线球

击球前，依据来球迅速移动步法。左脚蹬地，右脚向正手底角跨出，侧身向网，上体向右后倒，重心在右脚。右手握拍，手臂向右举拍，大臂与小臂约成 120° 。准备击球时，小臂外旋伸腕，球拍后引，拍面稍后仰。击球时，主要靠小臂带动手腕“抽鞭”式向前挥拍，小臂由外旋到内旋，腕部由伸到屈闪动击球。向前上方用力击球成高远球，向前方用力击球则成平球。击球后，立即还原成准备姿势，以做好迎接下一来球的准备。

（2）反手抽底线球

击球前，依据来球快速移动步法，左脚蹬地，右脚向反手底角跨出，上体前倾背对网，重心在右脚。反手握拍将球拍举于左肩上方。击球时，大臂要带动小臂、手腕和手指沿水平方向快速向后挥拍，手臂基本伸直时，小臂外旋，手腕后伸用力“闪”动击球。向后上方用力击球成高远球，向后方用力击球就会出现平球。

## （五）高手击球技术

1. 击高球技术

（1）正手击高球

击球前，判断好来球的方向和落点，侧身后退，使球处在自己的右肩稍前上方的位置。左肩对网，左脚在前，右脚在后，重心在右脚上。左臂屈肘，左手自然上举，右手持拍，手臂自然弯曲，将球拍举在右肩上方，两眼注视来球。

击球时，右上臂后引，随之肘关节上提，明显高于肩部，将球拍后引至头部，自然伸腕（拳心朝上）。然后在后脚蹬地、转体收腹的协调用力下，以肩为轴，上臂带动前臂快速向前上方甩腕做鞭打动作，手臂伸直在最高点，用手指、手腕和手臂的力量将球击出。

击球后，持拍手顺惯性往前左下方挥动并收拍至体前。与此同时，右脚向前迈出，左脚后撤，身体重心由后脚移到前脚上。立即还原成击球前的准备姿势，做好下一个来球的防守准备。

（2）反手击高球

击球前，依据来球落点，迅速把身体转向左后方，移动到适合的击球位置，背对球网，并用反手握拍法握拍；最后一步右脚跨向左后方，球拍由身前举到左肩附近，以上臂带动前臂转动。将身体重心移到右脚上，将球置于身体的右上方。

击球时，前臂由左肩上方往下绕半弧形，最后一刹那时手指紧握球拍，击球点应在右肩上方为好，以手腕往右后上方或者根据还击的需要掌握好球拍的角度进行击球，把球击向后上方。注意最后用力时，要用拇指的侧压力和甩腕的爆发力，以及蹬地转体时候的全身协调用力。击球后，迅速转身，手臂回收到胸前。

2. 扣杀球技术

（1）正手扣杀球

准备姿势和动作过程与击高球的技术相似。击球时，右脚起跳，把球调整在右肩的稍前上方，接着身体后仰呈反弓、快速收腹，手臂以最大的速度向前上方挥摆，最后通过手腕的高速挥动，击球托后部，使球直线下行。杀球后，前臂带动球拍随惯性在体前收拍，身体重心由右。

（2）反手扣杀球

动作方法与反手击高球相同。不同的是击球前的挥拍用力要大，身体反弓加上手臂、手腕的延伸、外展的鞭打用力，可向对方的直线或对角线的下方用力，击球瞬间球拍与扣杀球方向的水平夹角应小于 90°。

3. 吊球技术

（1）正手吊球

击球时，用手指、手腕发力，做快速切压球动作，击球托的后部和侧后部。如果吊斜线球，就要球拍切削球托的右侧并向左下方发力；如果吊直线球，拍面正对前方，向前下方切削球托。

（2）反手吊球

反手吊球准备动作与反手击高球相同。但是击球时，握拍方法、拍面的掌握、力量的运用有所区别。击球时，前臂挥动速度减慢，而手腕摆动加速。

吊直线球时，用球拍反面切削球托的后中部将球击出，落点在对方右场区前发球线附近。吊斜线球时，用球拍反面切削球托的左侧部将球击出，落点在对方左场区前发球线附近。

# 第九章　高校体育基本运动能力的提升与锻炼

## 第一节　提高心肺功能的锻炼方法

人体从事各种形式的体育锻炼都必须首先具备相应的运动能力，基本运动能力指发挥体能、合理有效完成运动的能力。它是通过运动知觉系统，借助于中枢神经系统和机体运动反应系统所组成的一系列肌肉活动。各种运动能力都是心理因素和身体素质的协同组合，是人体进行体育活动的基础，而人体进行锻炼也是为了提高包括运动能力在内的各种身体机能。一般认为运动能力有操作运动能力和身体熟练能力，运动能力制约着运动知识技能的掌握、运用和表现，并直接影响运动效率的心理特征。具有运动能力，就意味着掌握或运用知识、掌握或表现运动技能成为可能。运动能力是影响运动过程速度、水平及动作质量的最基本、最直接的因素。人体的运动能力可以表现在肌肉力量、运动速度、耐力、灵敏、柔韧等多方面，人们若想通过科学的体育锻炼提高自身的生理机能，就必须了解影响人体运动能力的生理基础和发展运动能力的锻炼方法。

### 一、心肺系统简介

心肺系统是指在功能上有密切联系的循环系统和呼吸系统。心肺系统负责把氧气和营养物质运输到组织，同时把代谢废物（如二氧化碳等）排出体外。体育锻炼时，骨骼肌代谢增强，需氧量大量增加，机体通过调节，使心肺系统活动加强以满足运动的需要。

#### （一）循环系统

循环系统是由心脏和血管组成的管道系统。体循环把含氧丰富的动脉血送至身体各部分，并通过毛细血管与组织进行气体（氧气和二氧化碳）和营养物质的交换，交换后动脉血变为静脉血，通过静脉回流至心脏。肺循环把静脉血泵至肺，在肺部静脉血结合氧气，排出二氧化碳，重新成为动脉血并回流至心脏。

心脏每分钟所泵出的血量称每分心排血量，正常成年男子安静时的心输出量约为 5L/min，剧烈运动时可达 20L/min，而训练良好的马拉松运动员可高达 35 ~ 40L/min。心排血量受心率（心脏每分钟跳动的次数）和每搏输出量（心脏收缩一次的射血量）的共同影响。体育锻炼时，心排血量会因心率或每搏输出量的增加而增加。无论男性还是女性，最大心排血量在 20 岁以后都开始下降，这主要是由于最大心率的下降引起的，不同年龄人群的最大心率可由以下公式获得：

**最大心率 =220－年龄（年）**

如 20 岁时最大心率为 200 次 /min（220—20=200），60 岁时为 160 次 /min（220—60=160）。

血液通过血管壁时对血管壁造成的压力称为血压。血压通过用血压计在肱动脉处测量心脏收缩时血压达最高值，称为收缩压；心脏舒张时血压达最低值，称为舒张压。

### （二）呼吸系统

呼吸系统的主要功能就是进行气体交换。人体运输和利用氧的最大能力被称为最大摄氧量。最大摄氧量是反映氧运输系统机能最有效的指标，在不同运动强度下机体耗氧量是不同的。在摄氧量未达到最大摄氧量之前，摄氧量与运动强度呈线性关系，因此常用最大摄氧量的百分比表示运动强度。最大摄氧量代表心肺系统输氧能力的生理极限。

## 二、心肺耐力的锻炼

### （一）心肺耐力的概念

心肺耐力指一个人持续身体活动的能力。心肺和血管的功能对于氧和营养物的分配，消除体内垃圾具有重要的作用，尤其是在进行有一定强度的活动时，良好的心肺功能则显得更加重要。心肺功能越强，走、跑、学习和工作就会越轻松，进行各种活动保持的时间也会越长。

## （二）影响有氧耐力的生理因素

有氧耐力是指长时间进行有氧运动的能力，又称一般耐力。决定机体有氧耐力的生理因素主要是运动中氧气的供应因素和作为能量物质的糖原含量。

1. 肺的通气功能

从呼吸系统看，肺的通气量越大，吸入体内的氧气量就越多，在体育锻炼中运用深呼吸的方法，可有效地提高呼吸效率，增加肺的有效气体交换量。

2. 血液的载氧能力

吸入肺内的氧气是通过血液中血红蛋白运送到各组织细胞的，在生理范围内，血液中血红蛋白的含量越高，其携带氧气的能力就越强。如果人体中血红蛋白含量下降 10%，就会明显影响有氧耐力。

3. 心脏的射血能力

心脏的射血能力是血液循环的动力，单位时间内，心脏射出的血量越多，运送氧气的能力越强。体育锻炼中影响心脏射血量的主要因素是心肌收缩力量和心室容积的大小，体育锻炼时，心脏收缩力量越大，心脏的射血能力就越强。

4. 骨骼肌的代谢能力

肌组织的有氧代谢能力是影响有氧耐力的重要因素、有氧代谢酶活性高，利用氧气的能力强，通常表现为机体的有氧代谢能力高。而肌组织的有氧代谢能力与肌纤维类型密切相关，肌肉中红肌纤维多，有氧代谢能力就好。现在普遍认为，心脏的射血能力和骨骼的有氧代谢能力是影响有氧耐力的最重要因素。

5. 肌糖原含量

肌糖原是肌肉进行有氧代谢的主要能源物质，它的功能特点为效率高，氧气消耗量相对较少，代谢时产生的代谢产物可及时排出体外，不致在体内堆积，对身体产生不利影响。所以，肌肉中糖原含量越高，有氧供能的潜力就越大。虽然脂肪也参与有氧运动的供能，但由于脂肪氧化供能时氧气消耗量大、代谢产物堆积等因素，容易导致身体疲劳。

## （三）有氧运动对身体机能的良好影响

实践证明，以有氧运动为主要形式的体育锻炼是增强体质、提高人体健康水平最常用、最有效的方法。

1. 提高心肺功能

通过有氧运动可以提高呼吸系统的功能，表现为肺活量水平明显增加，肺交换频率提高。对心脏功能的影响表现为安静时心率下降或不变，心脏的收缩力量增加，心脏容积增大，有人称这种变化为“运动员心脏”。“运动员心脏”是心脏功能对体育锻炼的适应性发生变化，是心脏功能提高的标志，这些变化可以预防并减少心血管疾病的发生。

2. 促进生长发育、延缓衰老

有氧运动可以改善身体的血液循环、加强体内的新陈代谢，而促进学生的生长发育。坚持体育锻炼的青少年，其身高、体重、胸围都较同年龄的人有不同程度的增长。进行有氧运动，可以调节神经系统的功能，加强体内的代谢功能，使人保持旺盛的精力和充沛的体力。

3. 提高机体的免疫功能

人体抗疾病能力与机体的免疫系统功能有关，人体的免疫机能主要是通过免疫细胞来完成的：采用小强度的有氧运动形式对提高机体免疫功能的效果最好。

4. 减肥

运动减肥的效果主要与体育锻炼的时间和体育锻炼的总工作量有关，而与运动强度关系不大。由于有氧运动的强度相对较小，不容易疲劳，可以保证较长的体育锻炼时间，同时，有氧运动消耗的脂肪类物质较多，所以减肥的效果就明显。以减肥为主要目的的体育锻炼都应该以有氧运动为主要形式。

### （四）提高有氧耐力的方法

1. 最大摄氧量及其体育锻炼

最大摄氧量是指身体发挥最大功能水平，每分钟摄入并供给组织细胞消耗的氧气量。最大提氧量是有氧代谢能力的基础，一般人的最大摄氧量为 2 ~ 3L/min，经常参加体育锻炼的人可达 4 ~ 5L/min，在进行有氧耐力练习时，可以使用最大摄氧量作为参考指标确定运动强度。对于身体机能状况较好的青壮年人来说，运动强度可相当于 80% 的最大摄氧量。

2. 无氧及其体育锻炼

无氧是人体在进行递增性体育锻炼过程中，由有氧代谢供能开始大量动用无氧代谢供能的转折点，这一转折点相当于一般人心率在 140 ~ 150 次 /min 时的运动强度。也就是说，体育锻炼时心率在 140 次 /min 以下，主要是发展有氧耐力；心率 150 次 /min 以上，就主要是发展机体的无氧耐力。因此，不管采用何种体育锻炼方式，只要是以发展有氧耐力为主要目的的练习，心率最好不要超过 150 次 /min。

3. 常用的有氧耐力练习方法

提高有氧耐力最常用的方式为慢跑，此外还有游泳、骑自行车、滑雪等。如前所述，发展有氧耐力的练习强度不要太大，但要保证足够的体育锻炼时间，一般每天活动的时间不要低于半小时，最好每天锻炼 1 小时左右。

具体有效练习方法有以下几种：

（1）综合练习

综合练习是由几种不同的锻炼内容组成的。如第一天是跑步，第二天为游泳，第三天骑自行车。综合练习的一个优点就是避免日复一日进行同一种练习的枯燥感，并且可以防止出现身体同一部位的过度使用。

（2）持续练习

持续练习是指长时间、长距离、慢节奏和中等强度的锻炼，也是最受欢迎的一种心肺锻炼方法。渐进阶段，如果运动强度不增加，锻炼者就能轻松地完成身体练习。在不受伤的情况下，一次锻炼的时间可持续 40 ～ 60min。同较大强度的运动相比，持续练习引起受伤的可能性较小。

（3）间歇练习

间歇练习是指重复进行强度、时间、距离和间隔时间都较固定的练习的锻炼方法。练习持续的时间各不相同，但一般为 1 ～ 5min。每次练习后有一休息期，休息期的时间与练习时间相等或稍长于练习时间。

有一定耐力基础和希望能获得更高适应水平的锻炼者或运动员常用这种方法。间歇练习比持续练习能使人完成更大的运动量，且锻炼的方式可以有所变化，这就减少了其他锻炼方式容易造成的冗长与枯燥体验。

（4）法特莱克（Fartlek）练习

“Fartlek”是瑞典词，意思是“速度运动”，是一种与间歇练习相似的长距离跑的锻炼方式，但练习时间与休息时间的比例不固定法特莱克的锻炼地点比较随意，这可有效减少枯燥感。

（5）锻炼频率

一周进行两次锻炼就可增强心肺适应能力，锻炼 3 ～ 5 次可使心肺达到最大适应水平，且受伤的可能性较小，但一周锻炼超过 5 次并不能引起心肺适应水平的进一步提高。

（6）运动强度

运动强度接近 50% 最大摄氧量时即可增强心肺适应能力，故常把这一强度称为锻炼阈。目前推荐的运动强度范围为 50% ~ 85% 最大摄氧量。

在确定运动强度时，心率指标比最大摄氧量指标更实用，因此，常用心率间接地表示运动强度。只有超过一定强度的运动才能有效地引起机体的适应，该强度所对应的心率称目标心率。目标心率一般以最大心率的百分比表示。50% 和 85% 最大摄氧量的运动强度所对应的心率值分别为 70% 和 90% 的最大心率，因此，目标心率是 70% ~ 90% 最大心率，如年龄为 20 岁的大学生目标心率的计算方法如下：

最大心率 =220－20=200（次 /min），200×70%=140（次 /min），200×90%=180（次 /min）。

（7）持续时间

提高心肺适应水平最有效的一次锻炼时间是 20 ~ 60min（不包括准备活动和整理活动）。起初每个人的适应水平和运动强度不同，所以锻炼持续的时间应有区别，对于一个适应水平较低的锻炼者而言，20 ~ 30min 的锻炼就可提高心肺适应水平，而适应水平高的锻炼者可能需要 40 ~ 60min，低强度的锻炼要求练习的时间长于大强度的练习时间，如以 50% 最大摄氧量的强度进行锻炼，需要 40 ~ 50min 才能有效地提高心肺适应水平；而以 70% 最大摄氧量强度进行锻炼，仅需 20 ~ 30min 即可。

## 三、锻炼方式的选择

在选择锻炼方式时，首先应选择喜欢的运动，只有从事喜欢的运动，才容易坚持下去；其次要考虑到可行性和安全性，冲击力强的运动（如跑）比冲击力小的运动（如游泳和骑自行车）更易引起锻炼者受伤、对于容易受伤的人来说，最好选择冲击力小的锻炼方式，对于很少受伤的人可以任意选择锻炼方式。

常见增强心肺耐力的锻炼方式有以下几种：

### （一）步行锻炼法

1. 步行锻炼意义

步行之所以能成为人们进行健康锻炼的良好手段，自然有着诸多的原因。首先，人们在不花额外费用的情况下，可以在任何时候任何地方与任何人一起进行活动；其次，步行是一项有趣的运动，它极易被各种年龄的人所接受并融入日常的生活安排中去；再次，步行锻炼虽然也存在技术的问题，但这些技术非常简单，极易掌握；最后，参加步行锻炼不需要什么特殊的装备，有一双穿着舒适的运动鞋即可。

2. 步行速度

稳健而又轻快的步伐可以使步行的健身效果得到充分的发挥。对普通锻炼者来说，以 80 ~ 100m/min 的速度步行较为理想；如果以步频来推测步行速度，那么 120 步 /min 是比较合适的基础频率。当然，步行的速度最终还是通过你的身体条件和兴趣爱好而定的。

## （二）跑步锻炼法

1. 跑步的益处

绝大多数的人参加跑步的目的不外乎保持优美体形和健康这两大方面。跑步是一种有关肌群反复活动的全身性有氧运动。肌肉活动必须有能量的提供才能完成，跑步则消耗大量的能量物质。因此，利用跑步消耗体内过剩的热量，有助于减少体脂和控制体重。

（1）跑步与热量消耗

跑步所消耗热量的多少主要取决于运动的强度和持续时间。以 270m/min 的速度跑 30 分钟所消耗的热量要比以 135m/min 的速度步行 30 分钟所消耗的热量多得多，虽然同样是活动 30 分钟，但跑步行进的距离成倍于步行。强度越大，消耗的热量也越多。但无论是慢步走还是快步跑，一个中等身材的人移动 1km 消耗的热量一般在 62 ~ 75kcal。有人也许会认为跑完 42km 的马拉松，其消耗的热量仅为 2600 ~ 3150kcal，而 1kg 脂肪含热量有 7700kcal。换言之，跑一个马拉松所消耗的脂肪还不足 0.5kg。这样的算法是不全面的，因为在运动过程中除了消耗大量的热量以外，在随后的恢复期内还要消耗相当多的热量。

（2）跑步有利于健康

参加跑步锻炼可以维持良好的身体机能，随着科技的发展，机械化和自动化程度会进一步提高，脑力劳动相对增加，而体力劳动却越来越少。身体活动的减少使心肺功能下降，患心血管疾病的可能性增加：而跑步可以提高心肺功能，消除聚集在动脉管壁上的胆固醇。总之，跑步是每个人尤其是脑力劳动者预防疾病、保持健康的良好方法。

（3）跑步使你放松

研究表明，跑步有降低焦虑、缓解紧张、减轻抑郁等作用。跑步后人们往往体验到强烈的自我价值感和对生活的热爱。人体自身会释放一种名为内啡肽的物质，跑步能增加内啡肽的分泌，使人在一定时间内减轻精神压力和痛苦。

2. 跑步的技术要领

跑步对具有正常活动能力的人来说是一件非常容易的事，但并非谁都能跑得很好。由于没有完全一样的身体结构，也就不会有绝对相同的跑法。没有必要追求一种固定的模式，但必须重视那些对提高跑步的健身效果、减少运动损伤具有普遍指导意义的技术。

（1）步幅和脚的落地

跑步时步幅的大小取决于跑速，跑得越快步幅相应越大。适宜的步幅便于两膝关节保留一定的弯曲，可以有效地缓冲来自地面对踝关节、膝关节和微关节的冲击力，进而避免损伤的发生。

跑速不同，其脚掌接触地面的部位也不一样。全速疾跑时用前脚掌着地，脚跟不触及地面；中速奔跑时一般用全脚掌着地，主要以脚掌中部承受压力；长距离跑步时应使脚跟部首先接触地面，经脚底外侧过渡到前掌大拇趾根部后再做蹬地动作。长跑中最大的易犯错误往往是过多地使用前脚掌，而没有注意正确地使用中、跟部位。

（2）身体姿势

两肩放松，五指自然弯曲并空握拳，两肘弯曲约为 90 度，身体稍向前倾，头部正直，两眼除偶尔观察地面情况外应注视前方。

（3）摆臂

跑步中的摆臂有维持身体平衡和调节步频的作用。两臂不宜靠身体太近，小臂与地面接近水平，随步伐的节奏轻松地摆动。长跑时摆臂动作的幅度宜小不宜大，过大的摆臂会导致躯干的转动并延长动作时间，造成疲劳的产生和能量的浪费。

（4）呼吸

跑步中如何进行呼吸是一个需要注意的问题。如果摄取的氧不能满足肌肉工作的需要，那么，身体活动将不能长时间地进行。像 50 米、100 米这样的短距离跑，其能量来源是无氧供能，练习者在整个跑动过程中很少呼吸甚至根本不呼吸，长跑则不然，只有源源不断地向工作肌供氧，才能使这种有氧运动持续下去。

跑步中的呼吸一般以腹式呼吸为主与呼吸深度大、空气较多通过口腔进入的胸式呼吸不同，腹式呼吸往往是通过鼻腔进行较浅的呼吸，这样的呼吸方式对长距离跑更为有利采用腹式呼吸还能有效防止肋部疼痛。迄今为止，对引起肋部疼痛的原因尚无明确的定论，但胸式呼吸造成隔肌缺血缺氧而引发疼痛是最有力的解释。

中长跑的呼吸应和步频协调配合，一般是每两三步一呼，每两三步一吸，有节奏地进行，跑步过程中如将注意力更多地集中于呼吸运动则有助于进入“忘我”的境界，可减轻身体不适感，并使各机能之间更加协调。

（5）跑步锻炼计划的制订

每个人必须依据自己的具体情况来制订循序渐进地增加练习时间和强度的锻炼计划。运动强度的大小一般可通过心率指标来确定。首先测得每分钟的心率，然后计算出与最高心率相对应的百分数。小强度为最高心率的60% ~ 65%，中等强度为70% ~ 75%，大强度为80% ~ 85%。

提高耐力素质的手段有以下几种：

①长时间的球类活动；

② 3000m 左右走跑交替；

③ 30 ~ 50min 的匀速跑。

（6）跑步的负效应

如果不注意正确地运用技术进行跑步锻炼，本应对身心健康有益的运动也可能有损健康，由于腿和脚不断接受来自地面的反作用力，锻炼不当也会因过度负荷而引起肌肉、肌腱、韧带甚至下肢骨的急慢性损伤。因此，在做到量力而行、循序渐进的同时，还应注意按照正确的技术进行锻炼。另外，选择一双合适的运动鞋也很重要。

### （三）游泳锻炼法

游泳的锻炼价值与跑步有很大的相似之处，两者的主要不同是游泳以手臂和腿的运动推动人体在水中前进的同时，还必须花费一定的能量使身体免于下沉因此，在水中游与在地面上跑同样的距离，其消耗的能量是跑步的四倍之多。人体通过克服来自前进方向的阻力获得肌肉力量和耐力的锻炼。由于水的浮力减轻了人体承重关节的负荷，水的良好导热性又帮助锻炼者散发运动时产生的热量，因此，游泳锻炼虽然消耗的能量较多，但心率却相对处于较低的水平，是一种更为安全的健身方法。

### （四）跳绳锻炼法

1. 跳绳的作用

坚持跳绳锻炼能提高心血管系统和呼吸系统的功能，提高肌肉长时间工作的能力。不仅普通人可以通过跳绳来锻炼身体，而且就连对心肺功能和肌肉耐力要求极高的拳击运动员都常将跳绳作为身体练习的重要手段。此外，跳绳对速度、灵敏、协调等体能成分也有较高的要求，锻炼同样会使这些体能得到增强，对肥胖的人来说，很难找到比跳绳更好的减肥方法。你完全可以寻找一处不为人注意的小小空间进行跳绳练习，进而实现控制体重的愿望。

2. 跳绳的装备

跳绳的绳子可由许多不同的材料制成，有的绳子两端带有木制或塑料的手柄；没有手柄的绳子可在两端打上结，这样使用起来比较方便。长度一般以脚踩绳子中央，两手握绳分别至两侧腋下为宜。跳绳时应穿比较紧身的运动服和富有弹性的运动鞋，这样可以防止因服装过于宽松而妨碍体育活动或因鞋子不能有效缓冲外力而引起的脚部损伤。

3. 跳绳的技术

两手轻握绳子两端，肘关节微屈并紧靠身体两侧。两手稍外展，手与身体保持一定距离跳绳时，以前臂和手做圆周形的绕环动作并带动绳子做相同的运动趁前脚掌蹬地使人体腾起之际使绳子由脚下通过，这样算完成一次跳绳动作。向上跳起不必太高，以能够让绳子通过脚下即可，应充分利用手腕的力量来加大绳子的运动速度。

跳绳是一种比较剧烈的运动，应根据自己的身体状况制订切实可行的计划和目标。计划的实施也应根据具体情况灵活运用，并且通过系统锻炼后，逐渐延长跳绳的持续时间以及增加跳绳的次数。

### （五）有氧操锻炼法

有氧操崛起于 20 世纪 80 年代，至今长盛不衰，以其特有的魅力及良好的健身价值受到人们的青睐。这是一种以锻炼身体为目的，以徒手运动为基础，结合舞蹈动作并在音乐伴奏下所进行的健身活动。无论男女老少都可根据自己的年龄特点、体能状况和锻炼目的等，选择或自编有氧操进行锻炼。

有氧操是一种充满活力的体育锻炼方法，在提高心血管系统和呼吸系统工作能力方面具有明显效果。通过有氧操锻炼可以使你的体重得到有效的控制，而良好的体能和健美的身材使人自信增强。另外，有氧操练习中体验到的轻松和快乐还能减轻精神上的烦恼和痛苦，使情绪得到改善。

有氧操为人们提供了一种既经济又实用的体育锻炼手段。一般的有氧操不需要什么特殊的装备，只要在服装方面稍加注意即可。着装以舒适和便于活动为原则，包括紧身衣、中短裤、T 恤衫和软底鞋。人们可以通过参加学校或社区办的健美班、体育俱乐部、休闲活动中心等进行有氧操锻炼，也可以在家中跟着电视中的有氧操节目一起做或一边看录像一边进行有氧操锻炼。

1. 高冲击和低冲击有氧操

有氧操一般可分为高冲击和低冲击两类，其中以高冲击有氧操更为常见。高冲击有氧操主要由各种跑和跳组合而成，因反复地接受来自坚硬地面的反冲力，下肢骨和肌肉较易受伤。低冲击有氧操则不同，它一般以轻松的步伐变换和身体不同部分合理的运动组合贯穿始终，有效地缓解来自地面的外力，最大限度地避免下肢因局部过度负荷而引起的损伤。为了使心率达到理想的水平，低冲击有氧操相应增强了上肢的活动。当然，两臂的活动要根据步伐和躯体的运动协调控制，不可随心所欲地胡挥乱舞。低冲击并非意味着低强度，与高冲击有氧操一样，低冲击有氧操通过提高心率水平并保持一定的时间，使心肺功能得到锻炼。

2. 水中有氧操

越来越多的有氧操指导者提倡在水中进行有氧操锻炼。水的浮力可以减轻身体承重部分的负荷，减少运动对这些部分的震动。那些在陆上的练习，用力时肌肉非常紧张，入水后这种情况将完全得到改变，原先在陆上练习时工作的肌肉在水中运动时可以得到很好的休息。因此，水中有氧操对运动损伤的恢复所具有的积极作用已得到广泛的重视，是有氧操锻炼中最安全的一种。

3. 踏板有氧操

顾名思义，这种练习的主要器材是由踏板组成。将踏板做成长宽适宜，每块高 4 ~ 8cm，可以相互叠加的扁平箱，表面能以防滑橡胶等柔性物质包裹则更好。踏板有氧操适合于不同年龄层次的人进行锻炼，其特点是运动强度的调整比较容易，即通过增减踏板的数量或对高度进行调整从而达到某一运动强度。以下是踏板有氧操练习的要点和建议：

第一，练习中必须保持抬头挺胸、上体稍前倾的躯体姿势。但上体前倾不能过度，否则易引起腰背不适

第二，根据身高调整踏板的高度，以膝关节角度大于 90° 为宜。

第三，前脚踏步上板应以全脚掌接触板面。

第四，后脚应柔缓地着地，落地点离板不宜过远。

第五，注意前脚蹬板的方向。

第六，要穿比较结实的鞋子，以鞋底柔软而富有弹性、鞋帮稍高为佳。

4. 负重下的有氧操锻炼

手持轻器械或在手腕处戴上专用的负重物进行各种形式的有氧操练习。两臂在负重条件下进行摆动和上下运动，这加大了运动的强度，比徒手练习消耗更多的能量。然而负重进行有氧操练习会使收缩压和舒张压进一步增高，

故心脏病和高血压患者不宜采用。为避免引起肩部疼痛，应将负重物的运动幅度控制在肩水平以上。

5. 有氧操锻炼注意事项

初次参加体育锻炼或有身体疾患的人，在开始进行有氧操练习前，应咨询一下专业人员，以确定自己锻炼的起始点为确保安全，过度肥胖或有心脏病家族史的人应征得医生认可或经耐受能力测试后方可开始练习。锻炼中要定时测定心率，旨在了解心率的变化是否在限度以内。正式活动开始前的准备活动不容忽视。强度和难度的安排应做到从小到大、由易到难逐渐过渡。正式练习后应进行放松整理活动可以尝试自编一套适合自己的徒手操。编写原则是从上到下，从慢到快，从局部到全身。

### （六）自行车锻炼法

随着社会的发展和人民生活水平的不断提高，自行车作为一种身体锻炼的手段必将被大家所接受。

如跑步和游泳，自行车锻炼能使人体在生理上产生理想的应答反应。通过锻炼能有效地增强肌肉力量，提高机体的耐久力并使体重得到控制。另外，在有关健康的研究中，几乎没有因自行车锻炼的过度负荷而导致运动损伤的报道。因此，自行车锻炼不仅可以成为人们日常进行体育锻炼的良好手段，而且还能在受伤后的康复期内作为保持身体活动能力的有效替代练习。

自行车的品种繁多、功能各异，有作为交通工具的普通自行车、骑车旅行的越野自行车、适合穿山越岭的山地自行车，还有各种竞赛用的自行车等，无论哪种车都可以用来进行身体的锻炼。在野外骑自行车锻炼时必须把安全问题放在第一位，除了考虑气候条件、地理环境和交通状况等安全因素以外，为了减少突发事件造成的伤害，建议外出进行自行车锻炼时戴上自行车专用头盔。选择了自己喜欢的自行车以后还要注意日常的维护和保养，经常检查行走系统和刹车的状态是否完好以确保用车安全。自行车坐垫的高低与锻炼质量有直接的关系，调整坐垫高度的方法是以骑行姿势坐在自行车上，当踏脚板绕至离地面最近时膝关节稍屈大约 10° 为宜，膝关节弯曲过多会引起大腿前肌肉群的酸痛而影响骑行距离和持续时间。

为了消除室外自行车锻炼的不安全因素，同时又能获得自行车锻炼对提高心肺功能的良好作用，固定式自行车练习器被发明并得到普及。在室内练习虽然没有优美的风景与你为伴，但一边锻炼一边欣赏音乐、看电视等也可以使枯燥的锻炼变得更加趣味盎然，其乐无穷。

### 四、心肺耐力锻炼应注意的事项

第一，每次锻炼前要做好充分的准备活动，使心率体温逐渐加快与升高，并增加肌肉的血流量，使机体逐渐适应剧烈的运动。锻炼结束后要做整理活动，以促进血液回流心脏，避免血液过多分布在上、下肢而造成头晕和昏厥。

第二，锻炼者必须根据自己的实际情况确定运动负荷的大小，运动负荷应由小到大逐渐提高。开始从事练习或中断练习后恢复练习时，强度宜小，时间宜短，不要急于求成。

第三，要注意提高人体已经适应的运动负荷，使心肺耐力保持不断增长的趋势但要加强自我监督，监控心率，密切关注身体机能的不良反应，感觉不适时要减少练习和运动量。

第四，不应经常在硬地上跑，特别是柏油马路。服装要宽松得体吸汗，鞋袜要轻柔透气，以保持良好的锻炼心情。

## 第二节　肌肉力量与肌肉耐力的锻炼方法

### 一、肌肉力量与肌肉耐力的概念

#### （一）肌肉力量

肌肉力量是人体肌肉收缩产生的张力，张力是一块肌肉或肌肉群一次竭尽全力抵抗阻力的活动能力，所有的身体活动都是由肌肉收缩克服阻力产生的，均需要使用力量。力量被认为是一切体育活动的基础，肌肉强壮有助于预防关节的扭伤、肌肉的疼痛和身体的疲劳。如果腹肌力量较差，往往会导致出现驼背现象。需注意的是，不应在强调某一肌肉群发展的同时而忽视另一肌肉群的发展，否则会影响身体的结构和形态。肌肉力量在人体生命活动和体育锻炼过程中起十分重要的作用。

#### （二）肌肉耐力

肌肉耐力指一块肌肉或肌肉群在一段时间内重复进行肌肉收缩的能力，与肌肉力量密切相关。一个肌肉强壮和耐力好的人更易抵御疲劳的发生，因为这样的人只需花相对很少的力气就可以重复收缩肌肉。

## 二、发展肌肉力量、耐力的意义

大多数人认为，加强肌肉力量和耐力练习可增加肌肉体积和提高运动成绩，但他们并不真正知晓其健康价值，即减少脂肪和体重的重要意义。

增加肌肉的力量和耐力对人的一生都有益处，研究表明，随着年龄的不断增加，人的基础代谢率下降，能量消耗减少，体重和体脂会慢慢地增加。由于肌肉总量呈下降趋势，人的基础代谢率每 10 年下降 3%：不喜好运动的成年人每年约减少 0.25kg 的肌肉，增加 0.25kg 的脂肪。

通过节食和服用减肥药能迅速减轻体重，这并不利于健康，并且皮肤会变得松弛。而力量练习不仅能达到减轻体重的目的，而且还可以使皮肤保持弹性，但这种锻炼效果并非一日之功，应根据自己的年龄和当前的身体状况，需 12 个月或更长时间有计划地进行有氧练习、肌肉力量和耐力练习以及分配合理的饮食，才会明显地减少体脂，皮肤才有足够的时间恢复弹性。所以，有规律的锻炼和合理的饮食比节食减肥更有利于健康。

当前的研究表明，有计划的力量练习可以改善骨骼的状况，对女子来说更是如此，因为女子骨骼无机盐含量较少，骨密质厚度较薄，并且女子丢失钙的速率比男子快，而力量练习可以防止钙的丢失以及推迟骨质疏松症的发生。

力量练习还可以加强关节周围肌肉的力量，防止肌肉、肌腱和韧带的损伤。困扰许多人的腰痛病，可以通过增加腰部和臀部伸肌的力量和柔韧性来得到缓解。

## 三、影响肌肉收缩力量的因素

### （一）肌肉体积

肌肉体积与肌肉力量有着密切的关系，肌肉体积的大小可用肌肉横断面积的大小来表示。肌肉横断面积越大，肌肉的体积就越大，肌肉力量也就越大，而且这种关系不受年龄、性别的影响，体育锻炼或体力劳动在提供肌肉力量的同时，总是在增加着肌肉体积。肌肉生理横断面增大是由于肌纤维增粗造成的，而肌纤维的增粗则主要是收缩性蛋白质含量的增加，因而两种蛋白质微丝收缩滑行时产生的力量就增大。负重肌肉力量练习对增大肌肉生理横断面有良好效果。

影响肌肉体积的因素主要有两个：一是单个肌纤维的直径，二是肌肉中肌纤维的数量。体育锻炼，特别是有针对性的力量练习可以促进体内蛋白质的代谢，增加蛋白质的合成，提高肌肉蛋白质的含量，通过增加单个肌纤维的直径而使肌肉体积增加；也可以通过增加肌纤维的数量，使肌肉体积增加。

### （二）肌群的协调能力

在现实生活中，常见到两个人肌肉发达程度相似，但力量并不相同，这是由于肌肉中肌纤维的动员程度及各肌肉群之间的协调能力的差异。一个不经常锻炼的人，最大用力时大约只能动员 60% 的肌纤维参加活动，而经常训练的运动员，则可动员 90% 的肌纤维参加活动，力量当然就大。

### （三）肌肉收缩前的初长度

肌肉收缩时的力量与收缩时肌肉所处的长度状态有关。如果肌肉收缩时已经处在缩短状态，都不能发挥出最大力量。只有当肌肉收缩时肌肉处在适宜的预先拉长状态，才能有利于最大力量的发挥。正确的运动技术多包含这一因素，如投掷标枪前的引枪，踢球前腿的后摆等，都是为了取得最佳的初长度。因此，掌握正确规范的运动技术动作，也是发挥最大肌肉力量的首要条件。

### （四）肌肉收缩的代谢适应

肌肉的收缩放松有赖于能量的供应，经常进行力量锻炼，能使肌肉产生一系列代谢适应性变化，如肌肉中毛细血管网增加，保证氧气及养料的供给，肌肉中能源物质含量增加，肌肉内各种酶活性提高等，可以保证肌力的发挥。

### （五）肌纤维类型

骨骼肌的肌纤维可分为红肌纤维和白肌纤维两种类型，白肌纤维收缩产生的力量大，红肌纤维收缩产生的力量小。肌肉中肌纤维类型的比例受遗传因素的影响，肌肉中白肌纤维的比例越大，肌肉收缩力量也就越大。力量和速度练习可以增加肌肉中白肌纤维比例。

### （六）神经调节

肌肉收缩力量，除决定于肌肉本身的形状、机能特点外，还与神经系统的调节机能有关。神经系统可以通过两种方式调节肌肉力量：一是通过发放强而集中的兴奋，动员尽量多的肌纤维参与收缩，以增大肌肉力量，有些人在肌肉最大收缩时也仅能动员 60% 的肌纤维参与收缩，而有些人则可动员 80% 以上的肌纤维参与收缩，显然在其他条件相同的情况下，后者的肌肉力量更大；二是通过增加神经中枢发放神经冲动的频率增加肌肉力量，神经冲动频率越高，肌肉力量越大。神经系统对肌肉力量的影响作用可以解释为什么有些人看上去虽然肌肉体积并不大，但肌肉力量却较大的现象。

## 四、肌肉力量、耐力练习的原则

### （一）渐增阻力原则

渐增阻力原则是超负荷原则在肌肉力量、耐力练习中的应用。尽管超负荷原则与渐增阻力原则可以相互替换，但在力量练习中，更常用渐增阻力原则。渐增阻力原则指肌肉力量、耐力因超负荷训练而增加，但由于力量、耐力的增长，原来的超负荷则变成了非超负荷或低负荷，此时如果不增加负荷，则力量、耐力就不能增长，因此，力量练习必须遵循渐增阻力原则。

### （二）专门性原则

力量、耐力练习中要充分考虑不同的运动项目对专项力量、耐力的需求程度。首先，得到锻炼的肌肉应该是在耐力和力量方面需要改善的肌肉，如腰痛，就应该增强腰部肌肉力量，若锻炼上肢力量则对腰痛的缓解没有多少益处。其次，提高肌肉的力量和耐力应采用不同的运动强度。大强度运动（举重物时仅能重复4 ~ 6次）能增加肌肉的力量和体积，但不能增加肌肉的耐力。采用低强度重复次数多的练习（能举轻的负荷 15 次或者更多）可提高肌肉的耐力，而肌肉的力量增加不明显。

### （三）系统性原则

根据用进废退的原理，力量练习应全年系统地安排。研究表明，练习频率高、肌肉力量增长很快者，停止练习后消退也快；而练习频率较低、训练时间较长、肌肉力量缓慢增长者，力量保持的时间则相对较长。

许多研究结果显示，每周进行 3 ~ 4 次的力量练习，可使肌肉力量明显增长。

## 五、提高肌肉力量的方法

提高肌肉力量的方法有很多，不同的锻炼方法对提高肌肉力量的作用也不同，锻炼者可根据自己的实际情况选择力量练习方法。

### （一）动力性力量练习

肌肉收缩时肌纤维长度发生变化，同时产生张力克服外界阻力的力量练习，称动力性练习。体育锻炼中所从事的力量练习多数属于动力性力量练习，如各种哑铃练习、举重等。动力性练习主要是通过不断增加运动负荷（阻力）达到提高肌肉力量的效果。动力性练习时，肌肉的收缩与放松交替进行，可促进体内蛋白质代谢，加强肌肉中蛋白质合成，提高肌肉的横断面积和毛细血管的数量，使肌肉体积增加。对一般体育锻炼者来说，体育锻炼时最好采用动力性肌肉练习方式发展肌肉力量。

在动力性力量练习中，由于采用的负荷不同，提高肌肉力量的效果也不同。一般来说，采用相当于本人最大力量 80% 的运动负荷（如最大肌肉力量为 50kg，力量练习的负荷为 40kg），主要作用是发展肌肉力量和速度，使肌肉体积增加，这种负荷适用于力量型运动员和青年健美爱好者；采用 60% 的最大负荷，主要是改善神经系统对肌肉收缩的协调作用，使肌肉力量和肌肉耐力增加，中年人可采用这种方法提高肌肉力量，效果较好；采用小负荷（相当于 40% 的最大负荷）练习虽对提高肌肉力量的作用不太明显，但可以改善肌肉的血液循环，增加骨骼肌中毛细血管的数量，保持已经获得的肌肉力量，提高肌肉耐力，在进行力量练习时可采用这种负荷。可见，负荷是影响力量练习效果的重要因素，锻炼者在进行力量练习时，要有针对性地选择运动负荷。

### （二）静力性力量练习

肌肉收缩时肌肉长度未发生变化，而是维持某一特定位置的肌肉力量练习，称静力性练习。静力性练习主要是发展肌肉在特定位置的肌肉力量，如武术中的马步站桩等：静力性力量练习方法比较安全，一般不会出现急性肌肉拉伤等情况，因此常用于肌肉康复练习。由于静力性肌肉练习时，肌肉收缩挤压毛细血管，造成肌肉缺氧，而且在大强度静力性练习时往往伴随着憋气动作，所以，对体育锻炼者来说，除非特殊需要，一般不要采用静力性力量练习。

### （三）电刺激练习

电刺激增加肌肉力量是一种被动肌肉力量练习法，具体方法是将电极放置于要练习的肌肉群表面，通过电刺激使肌肉被动产生收缩。采用这种方法可以有效地增加肌肉力量，同时肌肉损伤的可能性也较小，除用于一般增加肌肉力量外，特别适用于肌肉损伤后的康复练习，电刺激增加肌肉力量需要有专门的电刺激器，用电刺激方法发展肌肉力量时，最好与动力性练习方法结合使用。

## 六、影响肌肉力量、耐力练习效果的若干因素

负重抗阻练习是增强肌肉力量的基本手段，而肌肉力量练习的效果又与训练中的多种因素有关。

### （一）每组练习的间隔时间

力量练习各组间的间隔时间，一般以肌肉能完全恢复为准肌肉在练习后的 3 ~ 5 秒时已恢复 50%，2 分钟时完全恢复，如果练习目的是增强肌肉的力量，练习的间隔时间不太重要，一般在 1 分钟左右。如果是为了增加肌肉的耐力，在 6 ~ 8 周训练中，练习的间隔时间应从 2 分钟逐渐减少到 30 秒。

### （二）每次练习的间隔时间

对于一般体育锻炼者来说，没有必要每天都进行力量训练，即使是为了专门发展肌肉力量，采用隔天力量练习，也足以取得理想效果。如果每天都进行力量练习，不仅提高肌肉力量的效果不明显，而且还会导致整体机能的不协调发展。如果是进行全身的肌肉练习，每隔一天进行练习会获得最佳的锻炼效果，倘若休息时间较短，身体不能完全恢复，锻炼效果也会较差。假如每天坚持力量练习，你每天应训练不同的肌肉群。例如，星期一、三、五练习上肢力量，星期二、四、六练习下肢力量。但应注意恢复时间不能过长（4 天或 4 天以上），否则，练习获得的力量和耐力便会逐渐消退。

### （三）负荷

在进行力量练习时，应根据自己的实际情况选择合适的负荷，但无论选用什么样的负荷，都要遵循由小至大的原则，切勿突然增加运动负荷造成运动损伤。

### （四）动作速度

只要有机械能动力性肌肉力量练习，就存在动作速度问题，负荷和速度之间有着密切关系，负荷越大，速度就越小。锻炼者要根据练习的要求合理安排，对于青少年来说，爆发力是非常重要的，在力量练习时，选择适宜的负荷，尽量加快动作速度，对提高肌肉的爆发力十分有益。

已经获得的肌肉力量，如果停止练习也会逐渐消失，肌肉力量消失的速度相当于肌肉力量获得速度的三分之一。也就是说，力量获得得快，消退得快，所以体育锻炼切勿忽练忽停。如果为了保持已经获得的肌肉力量，力量练习的间隔时间可更长一些，以便将体育活动时间用于发展其他方面的运动能力，每周进行一次力量练习，可保持已获得的力量水平。

## 七、发展肌肉力量与耐力的具体方法

### （一）杠铃与哑铃练习法

1. 卧推

器械：杠铃、卧推架或长凳。

练习方法：两手正握杠铃杆，将杠铃缓慢落到胸前，然后推起。

要点：双脚踩实地面，上背部平贴在卧推凳上。

发展的肌肉：胸大肌、肱三头肌、三角肌。

2. 挺举杠铃

器械：杠铃。

练习方法：正握杠铃杆，爆发用力，将杠铃举到胸前。翻腕、屈膝后用力将杠铃举过头顶，然后屈臂、屈髓、屈膝，将杠铃降至大腿部后缓慢放下。

要点：握距同肩宽，准备姿势成蹲姿，抬头，背部挺直。

发展的肌肉：斜方肌、竖脊肌、臀大肌、股四头肌。

3. 负重半蹲

器械：杠铃。

练习方法：正握杠铃杆，屈膝成 90°  后还原。

要点：将脚跟垫起，下颌微朝前。

发展的肌肉：股四头肌、臀大肌。

4. 负重提跟

器械：杠铃，5cm 左右的厚盘。

练习方法：正握杠铃于肩上。

要点：调整脚尖由朝前到向内或向外，保持身体正直。

5. 提杠铃

器械：杠铃。

练习方法：采用混合握法，屈膝使大腿与地面水平，然后用力，将杠铃提起，身体保持直立，后屈膝将杠铃缓慢落下。

要点：抬头，挺胸，握距同肩宽。

发展的肌肉：竖脊肌、臀大肌、股四头肌。

6. 提铃耸肩

器械：杠铃。

练习方法：正握，耸肩至最高点，然后回落。

要点：四肢充分伸展。

发展的肌肉：斜方肌。

7. 俯立飞鸟

器械：哑铃。

练习方法：弓身成水平状，两臂向后上振至哑铃与肩同高，后缓慢还原。

要点：膝与肘微屈。

发展的肌肉：三角肌后群、背阔肌、斜方肌。

8. 颈后臂屈伸

器械：杠铃。

练习方法：两手握住杠铃置于颈后，两肘夹紧并同时抬高，然后用力伸直两臂，使重物沿背部向上移动至最高位。

要点：肘高抬并内夹。

发展的肌肉：肱三头肌、三角肌。

9. 腕弯举

器械：杠铃。

练习方法：五指可稍微分开，握住（正握或反握）杠铃杆屈腕。

要点：以适宜的握距，将前臂固定好。

发展的肌肉：腕屈肌群。

10. 肱二头弯举

器械：杠铃。

目的：发展肱二头肌的力量。

练习方法：前臂弯举。

要点：弯举尽可能靠近肩部，动作应有控制地还原。

发展的肌肉：肱二头肌、肘部屈肌。

### （二）体操练习法

体操练习法也是一种行之有效的对于肌肉力量、耐力的训练方法。它可以借助自身重量并把四肢作为阻力来发展肌肉的力量和耐力，同样它还可以提高柔韧性，这是因为肢体本身的力量就可以使肌肉伸展到最长。如果练习者锻炼时有足够的强度和持续时间，心血管和呼吸系统的耐力也可以得到提高。下面介绍的体操练习法都是针对专门的肌肉群设计的。如果完成了所有这些练习，那么身体绝大部分肌肉群无论在耐力、力量和柔韧性等各方面都得到了锻炼和提高。

你可以结合自己的节奏进行练习，节奏越快，对心肺的压力也就越大。因此，练习者应尽快完成动作，并使两个练习方法之间的间隔时间缩短，这会收到满意的锻炼效果。如果你喜欢的话，也可在练习过程中加入音乐，这样可以使你练习起来更轻松、更有力。

1. 仰卧起身

目的：发展腹部肌肉。

发展的肌肉：腹直肌。

锻炼的关节：脊柱各关节。

练习方法：躯干卷曲。

要点：仰卧，手置于胸前或头后，膝部弯曲成 90°，脚不要离地，上体起至与地面成 45°。

2. 俯卧撑

目的：发展手臂和胸部肌肉力量。

发展的肌肉：肱三头肌、胸大肌。

重复次数：初级 10 次，中级 20 次，高级 30 次。

要点：躯干与下肢保持在同一条直线上，下落时胸部不要触地。

3. 骑“自行车”

目的：加强髋部力量，使下背部肌肉得到伸展。

发展的肌肉：髋腰肌。

重复次数：初级 10 次，中级 20 次，高级 30 次。

要点：双腿交换弯曲、伸展好像在骑自行车一样。

4. 侧卧举腿

目的：加强髋部外展肌的力量。

发展的肌肉：髋部外展肌群。

重复次数：初级 10 次，中级 15 次，高级 20 次。

要点：髋关节、膝关节、踝关节保持伸直状态，尽可能高举，缓慢地还原。

5. 举腿

目的：加强髋部的伸肌、屈肌、内收肌和外展肌。

发展的肌肉：髋腰肌、臀大肌、臀中肌、内收肌群。

重复次数：初级 10 次，中级 15 次，高级 20 次。

要点: 每一动作应使腿尽量高举,为了防止损伤,避免发力过猛或过分伸展。

6. 挺髋

目的：加强臀部力量。

发展的肌肉：臀大肌和胸绳肌。

重复次数：初级 10 次，中级 15 次，高级 20 次。

要点：屈膝仰卧，骨盆尽力向上挺起。

## 八、力量练习的注意事项

### （一）力量练习的安全要诀

第一，当运用杠铃进行力量练习时，必须有同伴帮助你进行练习，防止意外伤害。

第二，固定住练习用的杠铃，以防其滑落砸伤身体。

第三，在进行负重练习之前，应充分做好准备活动，防止练习中遭受损伤。

第四，在进行负重练习时，如果感觉到任何尖锐的刺痛，应立即停止练习。

第五，在进行负重练习时，应尽量避免屏气，举起阶段呼气，放下时吸气，可采用口和鼻呼吸。

第六，虽然在快速还是慢速举起重量能获得更大的力量的问题上，人们仍存在着争议，但慢速举起重量可以减少受伤的可能性，而且，慢速举起重量既可增加肌肉体积，也可增强其力量。

### （二）准备活动和放松活动

人体就像大多数机器一样，刚启动时无法达到最高的效率。要使肌肉充分发挥功能，并避免受到伤害，就需要热身。即使是体能状况良好的人，如果猛然迫使其肌肉拉伸或收缩，也有可能受伤。负重练习的准备活动一般包括 4 ～ 5 分钟的慢跑、6 ～ 8 分钟的拉伸活动。如果练习者打算举最大重量，还应增加准备活动的组数。

放松活动常包括走动和伸展运动，旨在让身体在几分钟内逐渐冷却下来，适当的放松活动可以使血液持续地流经肌肉，并将肌肉细胞内堆积的乳酸通过血液循环带到肝脏后分解。如果突然中断运动，留在肌肉内的乳酸可能会导致身体肌肉痉挛，也可能会使肌肉在以后的几天中更加疼痛。放松活动一般持续 4 ～ 5 分钟即可。

### （三）完成动作的速度

在进行负重练习时，动作还原阶段的速度应比主动用力阶段慢一半。以卧推为例，如果举起的动作用 1 秒，放下还原阶段就要用 2 秒，这样可使一次负重练习得到两次（举起和放下）肌肉锻炼。如果还原阶段简单轻松地放下重量，肌肉就不能在还原阶段又一次得到有效的锻炼。

### （四）练习时的呼吸

在主动用力阶段呼气，在还原阶段吸气。如果练习时呼吸频率太快，就会破坏呼气、吸气的节奏性。应避免在主动用力阶段屏住呼吸，屏气会导致回心血量和流入大脑的血流量减少，从而产生头昏眼花的现象。

### （五）安排练习顺序

合理安排练习的顺序可以防止疲劳的发生：应先安排大肌肉群的练习，再安排小肌肉群的练习，其原因是小肌群比大肌群较早产生疲劳。典型的力量练习顺序模式为：①大腿、腰部肌肉；②腿部（股四头肌、大腿后部肌群、小腿三头肌）；③躯干部（背、肩、胸）；④上臂（肱三头肌、肱二头肌、前臂肌肉）；⑤腹部。

同时，还应注意不要在两个相继的练习中使用同一肌群，以保证肌肉在每次负荷后有足够的恢复时间。

### （六）了解你的极限

运动要注意安全，很重要的一点就是留意所出现的警告信号。这些信号往往是运动量过大或身体某部分受伤的反应，有些人急于求成，反而遭受伤害。即使是运动员也会因过度训练而受到意外伤害。

力量练习的警告信号一般指：锻炼结束后，肌肉有酸痛僵硬感，直到下次锻炼前这种感觉仍未消失。针对性的处理方法为：延长锻炼间隔时间，让肌肉充分恢复。此外，还要做好热身和练习后的放松活动。

# 第三节　增强柔韧性的锻炼方法

## 一、柔韧性概念

柔韧性是指身体各个关节的活动幅度或活动范围，以及跨过关节的肌肉、肌腱、韧带、皮肤和其他组织的弹性和伸展能力，可以通过经常性的身体练习而得到提高。柔韧性是绝大多数的锻炼项目所必需的体能成分之一，对于提高身体活动水平、预防肌肉紧张以及保持良好的体态等具有重要作用。在健美操、武术等活动中都要求机体具备一定的柔韧性，对于女性来说，柔韧性就显得十分重要。

## 二、柔韧性的种类及特点

柔韧性和柔软性不能混为一谈，虽然两者都可用肢体活动幅度的大小来衡量，可它们实质上是有区别的。从字义上讲，柔韧是既柔又坚韧，即柔中有刚、刚柔相济；而柔软只是柔而不硬，即柔中无刚、刚柔不济。从性能上看，柔韧是在幅度中含有速度和力量的因素，即在做大幅度动作时，肌肉仍能快速有力地收缩；而柔软只是幅度大，却缺乏速度和力量，做动作时软绵绵的，打得开却收不拢。体育锻炼中需要的是柔韧性而不是柔软性。柔韧性的分类主要有如下几种：

第一，柔韧性从其与专项的关系看，可分为一般柔韧性和专项柔韧性。一般柔韧性是指为适应一般技能发展所需的柔韧性体能。专项柔韧性是指专项锻炼所需要的特殊柔韧性，由于专项柔韧性具有较强的选择性，因此，同一身体部位具有的柔韧性由于项目的需求不同，在幅度、方向等表现上也有所差异。

第二，柔韧性从其外部运动状态上看，可分为动力柔韧性和静力柔韧性。动力柔韧性是指肌肉、肌腱、韧带根据动力性动作需要，拉伸到解剖学允许的最大限度范围，随即通过强有力的弹性回缩力来完成所要完成的动作。所有的爆发力前的拉伸均属于动力柔韧性。静力柔韧性是指肌肉、肌腱、韧带根据静力性动作的需要，拉伸到动作所需要的位置角度，控制其停留一定时间所表现出来的能力。动力柔韧性建立在静力柔韧性的基础上，但必须要有力量素质的表现。静力柔韧性好，动力柔韧性不一定好。

第三，从完成柔韧性练习的表现上看，可分为主动柔韧性和被动柔韧性。主动柔韧性是人在主动运动中表现出来的柔韧水平。被动柔韧性则是在一定外力协助下完成或在外力作用下（如同伴协助做压腿练习）表现出来的柔韧水平。主动柔韧性不仅反映对抗肌的可伸展程度，而且也可反映主动肌的收缩力量。一般来说，主动柔韧性比被动柔韧性要差，这种差距越小，说明柔韧性的发展水平越均衡。

第四，从柔韧性在身体不同部位上看，可分上肢柔韧性、下肢柔韧性和腰部柔韧性等。

## 三、柔韧性的意义

根据人体生理解剖结构，柔韧性包括四肢和躯干各关节的柔韧性。其主要关节有肩、肘、腕、髋、膝及脊柱等。柔韧性的训练就是针对上述关节灵活性的练习。

原先，柔韧性被认为是体能的一种组成成分，而非健康因素但对于一个健康的人而言，全身能够自由灵活地做出各种动作，必须要具备基本的柔韧性。如关节炎患者的一个关节失去了其正常的功能，一动就会产生疼痛，并且活动受到限制，连正常行动也受到阻碍。这说明柔韧性也是一个健康因素。

在体育锻炼中，因项目不同对关节活动幅度要求的程度也就不同。

增强柔韧性对掌握动作技能、改善健康状况的具体作用总结如下：

第一，柔韧性是体能的重要标志之一。

第二，加大一定的活动幅度，提高动作效果，有利于肌力和速度的发挥。

第三，提高关节的灵活性，使人的动作姿势优美。

第四，加速动作掌握进程，使动作学习轻巧自如，做动作也更加协调和准确。

第五，减少肌肉等软组织损伤，防止伤害事故发生。

第六，有助于肌肉轻松和情绪稳定。

## 四、影响柔韧性的生理因素

### （一）两关节面积大小的差别

构成关节的两关节的面积相差越大，关节活动幅度就越大，表现为柔韧性就越好。这一因素是限制柔韧性的先天因素，体育锻炼对该因素的影响不大。

### （二）关节周围组织的体积

关节周围的组织越多，限制关节运动的因素就越多，虽然关节的稳固性增加，却使身体的柔韧性下降。

### （三）关节周围的韧带、肌腱和肌肉的伸展性

关节周围韧带、肌肉、肌腱等组织的伸展性越好，关节运动幅度就越大，柔韧性就越好。体育锻炼主要通过增加关节周围组织的伸展性提高关节的柔韧性。

### （四）对抗肌的协调能力

关节周围的肌肉可分为主动肌和与之作用相反的对抗肌，对抗肌的协调能力主要取决于神经系统对肌肉收缩和放松能力的调节。体育锻炼可以改善对抗肌之间的协调性，从而使身体柔韧性提高。

## 五、提高柔韧性的方法

提高关节柔韧性的主要方法是做牵拉练习。牵拉练习可分为两种，一种是动力性牵拉，一种是静力性牵拉，动力性牵拉主要是进行节奏较快并多次重复同一动作的练习，如连续踢腿、摆腿等。动力性练习可以提高关节在运动中的活动幅度，以适应专项体育活动的需要。静力性牵拉主要是一些缓慢的牵拉练习，如静力压腿等，静力性牵拉比较安全，一般不容易出现运动损伤。在练习时，最好两种方法结合使用。

## 六、肌肉伸展的方法

发展柔韧性的目的是提高跨过关节的肌肉、肌腱、韧带等软组织的伸展性。伸展能力的提高主要是由于“力”的拉伸作用的结果，这种“力”表现在动作上可分为两种，即主动动作和被动动作。

肌肉伸展的方法有三种：即主动或被动的静态伸展法、主动或被动的弹性伸展法、本体感受神经肌肉伸展法（PNF 伸展法）。

### （一）主动或被动的静态伸展法

主动或被动的静态伸展法是一种行之有效且比较流行的伸展肌肉方法，

它是缓慢地将肌肉、肌腱、韧带拉伸到有一定酸、胀和痛的感觉位置，并维持此姿势一段时间。关于在酸、胀、痛的位置停留的最佳时间，目前的研究尚未定论、从 3 ~ 60 秒不等。一般认为 10 ~ 30 秒应该是一个比较理想的时间，每块肌肉的伸展应连续重复 4 ~ 6 次为最好。

这种肌肉伸展方法可以较好地控制使用的力量，比较安全，尤其适合于活动少或未经训练的人。它可减少或消除超过关节伸展能力的危险性，避免拉伤，而且由于拉伸缓慢而不会引起牵张反射。

### （二）主动或被动的弹性伸展法

主动或被动的弹性伸展法是指有节奏的、速度较快的、幅度逐渐加大的多次重复一个动作的拉伸方法。主动的弹性伸展是靠自己的力量拉伸，并重复地收缩收缩肌来达到对抗肌的快速伸展效果；被动的弹性伸展是靠同伴的帮助或负重借助外力的拉伸。

利用主动动作或被动动作所产生的动量来伸展肌肉，所用的力量应与被拉伸的关节的可能伸展能力相适应，如果大于肌肉组织的可伸展能力，肌肉就会拉伤。在运用该方法时用力不宜过猛，幅度一定要由小到大，先做几次小幅度的预备拉伸，再逐渐加大幅度，进而避免拉伤。

### （三）本体感受神经肌肉伸展法（PNF 伸展法）

本体感受神经肌肉伸展法原先被用于各种神经肌肉瘫痪病人的治疗，直到近年来才被当作正常人改善肌肉柔韧性的伸展方法来使用。现在流行的本体感受神经肌肉伸展法，包括慢速伸展——保持——放松法、收缩——放松法和保持——放松法等三种。所有这些方法都包含有收缩肌和对抗肌交替收缩和放松（一个 10 秒收缩过程紧接着一个 10 秒放松的过程）。

以伸展股后肌群为例，慢速伸展——保持——放松法有以下几个步骤：首先仰卧，膝关节伸直，脚踝成 90°，同伴帮助推一腿弯曲至髋关节有轻微酸痛感，此时开始收缩股后肌群以抵抗同伴的推力。持续 10 秒后，放松股后肌群而收缩股四头肌（收缩肌），同时同伴再加力帮助伸展股后肌群（对抗肌），放松过程持续 10 秒，此时再一次对抗同伴的推力，从这个关节新的角度开始。这样的过程至少重复三次。

这三种伸展方法都可有效地改善身体柔韧性，但弹性伸展法容易引起肌肉酸痛，也存在拉伤肌肉的危险，所以很少被推荐。实际上我们在体育锻炼中都要做弹性伸展，并通过它来提高动作练习效果。弹性伸展法比较适合经常锻炼的人或运动员。静态伸展法是最为广泛使用的方法，简单、有效、安全，甚至不需要同伴的帮助，通过一段时间的锻炼可有效地改善关节柔韧性。PNF 伸展法在一次伸展过程中可以大大提高关节活动幅度，比静态伸展法效果更加显著，不易导致肌肉酸痛或损伤。因此，越来越多的人选择此方法来改善肌肉、关节的柔韧性，它的主要的缺点是该法需要同伴的帮助。

## 七、发展柔韧性的锻炼方法

发展关节的柔韧性，应根据参加锻炼项目的特点，有目的、有选择地进行练习。柔韧性练习一般在适当的热身运动以后进行，也可安排在每次锻炼的结束部分进行。为了防止受伤，应先采用静态伸展法或 PNF 伸展法，然后才能进行弹性伸展法。下面简单介绍发展身体各关节柔韧性的一些常用的练习方法：

### （一）肩关节柔韧性练习

1. 压肩

（1）正压肩

伸展的肌肉：胸大肌、背阔肌。

方法：手扶一定高度的物体或两人手扶对方肩，体前屈直臂压肩。

（2）反压肩

伸展的肌肉：胸大肌、三角肌前束。

方法：反手扶一定高度的物体，下蹲直臂压肩。

2. 吊肩

伸展的肌肉：胸大肌、背阔肌等肩带周围肌群。

方法：单杠各种握法（正、反、反正、翻等）的悬垂；或单杠悬垂后，两腿从两手间穿过下翻成反吊。

3. 转肩

伸展的肌肉：肩带周围肌群。

方法：用木棍、绳、毛巾等做直臂或屈臂的向前、向后的转肩，握距应逐渐减小。

### （二）下肢柔韧性练习

1. 弓箭步压腿

伸展的肌肉：大腿屈肌、股四头肌。

方法：前跨一大步成弓箭步，后脚跟提起，膝关节略屈，向前顶髋。

2. 后拉腿

伸展的肌肉：大腿屈肌、股四头肌。

方法：一只手扶一定高度的物体，另一只手抓异侧的脚背，向后拉腿。

3. 正压腿

伸展的肌肉：股后肌群、小腿三头肌。

方法：单腿支撑，一腿搁于一定高度的物体上，两膝伸直，身体前倾下压。

4. 侧压腿

伸展的肌肉：大腿内侧肌群、股后肌群、小腿三头肌。

方法：侧立单脚支撑，一腿置于一定高度的物体上，两膝伸直、身体侧屈下压。

### （三）踝关节柔韧性练习

1. 跪压

伸展的肌肉：小腿前群肌、股四头肌。

方法：跪于平面上，脚背伸直，臀部坐在脚跟上。

2. 倾压

伸展的肌肉：小腿后群肌。

方法：手扶墙面站于一定高度的物体上，先提踵，然后后脚跟下踩，身体略前倾。

### （四）腰腹部柔韧性练习

1. 体前屈

伸展的肌肉：腰背及股后肌群。

方法：两腿并步或开立，膝关节伸直，身体前倾下压。

2. 体侧屈

伸展的肌肉：体侧肌群。

方法：两腿开立，一手臂上举，上臂贴耳，身体侧屈下压。

3. 转体

伸展的肌肉：躯干和臀转肌。

方法：把一只脚放于另一腿的膝盖外侧，向弯曲腿的方向扭转身体。

## 八、柔韧性练习强度、时间和次数

柔韧性练习应采用缓慢、放松、有节制和无疼痛的练习，只有通过适当的努力才会提高肌肉的伸展会有酸胀的感觉，但不应过分伸展而引起不适，拉伸的强度随关节的活动范围增加而改变。随着柔韧性在锻炼过程中的提高，练习强度应逐渐加大，实现“酸加、痛减、麻停”。

柔韧性练习的时间由采用的伸展方式决定，它主要取决于重复的次数和伸展位置上停留的时间。每个姿势持续的时间和次数是逐渐增加的，应从最初的 10 秒，经过一段时间的练习增加至 30 秒，重复次数在 3 次以上。如果是平时体育锻炼时的柔韧性练习，5 ~ 10 分钟的时间就足够了；如果是专门为了提高柔韧性的练习或运动员的训练，则必须要有 15 ~ 30 分钟的时间安排柔韧性练习。

## 九、柔韧性练习的注意事项

### （一）循序渐进，持之以恒

柔韧性的发展需要意志力。在进行这种体能练习时锻炼者易产生酸痛感，但若停止训练，柔韧性会有所消退。初次练习易见效，第二次再练习就产生痛感，而且第一次练习获得的效果会全部消退并差于第一次练习前的效果，这是由于肌肉被拉长回缩力增加的原因，应继续将其慢慢拉开，这样才能消除痛感。经过一个时期的练习，该长度的伸展已适应，应进一步拉长肌肉，牵拉肌腱，使柔韧性上升到一个新的水平。但是，如果柔韧性练习停止一段时间，已获得的效果就会有所消退。因此，柔韧性练习要持之以恒才能见效。

肌肉、肌腱和韧带等软组织的伸展性并不是通过一朝一夕的练习就能得到提高的。急于求成，容易引起软组织损伤。练习应逐步提高要求，做到循序渐进。

### （二）柔韧性练习要全面

不管是准备活动中的伸展练习，还是专门发展某些关节柔韧性的练习，都应该兼顾到身体各关节柔韧性的全面发展。在身体活动中，完成动作不仅局限于一个关节或某个身体部位，而且要牵涉到几个相互关联的部位甚至全身。如果柔韧性练习只集中在部分关节而忽视其他部位，则完成动作会受阻甚至有受伤的可能。因此，如果发现某一关节柔韧性稍差，就应采取针对性措施使其得到改善。

### （三）柔韧性练习要因人因项而异

柔韧性练习必须根据所参加锻炼项目的特点和锻炼者的具体情况做出安

排，在全面发展身体各部位柔韧性的基础上，要重点练习特定项目所需要的专门柔韧素质，例如，跳跃项目对腿部和髋部柔韧性要求较高，游泳项目要求肩关节和踝关节柔韧性要好等。另外，锻炼者应结合自己的情况，进行适合于自己的柔韧性练习。

### （四）柔韧性的发展应与力量发展相适应

力量练习是发展肌肉的收缩能力，柔韧性练习则是发展肌肉的伸展能力，因此，力量结合柔韧性的练习对提高肌肉质量最为有效，既能使力量增长，又能保证关节灵活性的提高。这就是讲，肌力的增长绝不能因体积的增加而影响关节活动幅度。

### （五）柔韧性练习要注意外界的温度和时间

外界温度过高或过低，都会影响到肌肉的状态和肌肉的伸展能力。外界温度高，轻微的热身运动后即可做伸展练习；外界温度低，则应做充分的热身运动至冒汗后，方可进行柔韧性练习。一般来说，当外界温度在 18℃时，最有利于柔韧性发展，因为肌肉在这个温度下的伸展能力最好。

一天之内在任何时间都可进行柔韧性练习，只是效果不同而已。早晨，柔韧性会明显降低；而 10 时 ~ 18 时人体关节能表现出良好的柔韧性，此时可进行一些强度相对较大的柔韧性练习。

### （六）柔韧性练习后应结合放松练习

当每次伸展练习之后，应做些相反方向的练习，使供血供能机能加强，这有助于伸展肌群的放松和恢复。如压腿后，做几次屈膝下蹲动作，体前屈练习之后，做几次挺腹挺髋动作等。

### （七）柔韧性要从小培养

武术、体操、舞蹈等项目对全身各关节的柔韧性要求很高，应从小开始锻炼。由于柔韧性受年龄的影响，5 ~ 10 岁是柔韧性发展的敏感期，在此时期内要抓紧练习，这样能使柔韧性易于保持和巩固，不易消退。

### （八）安全告诫

为争取获得良好的锻炼效果，并防止受伤，柔韧性练习时必须遵循以下几点建议：

第一，在进行大强度的肌肉伸展之前必须做充分的热身运动，使身体出汗。

第二，肌肉、韧带等软组织只有通过略超正常范围的伸展练习，柔韧性才能提高，但练习不能太剧烈，防止疼痛和拉伤。

第三，肌肉拉伸产生了紧绷感或感到不舒服时就该停止练习，伸展练习不应让人感到疼痛。

第四，任何一个被伸展的关节只有感到动作幅度加大时，才说明练习已见效。

第五，伸展疼痛关节周围的肌肉时要小心，注意动作轻柔一些。

第六，既要伸展紧绷的、不柔韧的肌肉，又要加强薄弱的、松弛的肌肉力量。

第七，进行伸展练习时要保持正常的呼吸状态，不要屏气。

第八，本体感受神经肌肉伸展法（PNF 伸展法）是效果最好的肌肉伸展法，静态伸展法也是一种简单易行、安全有效的常用方法。

第九，静态伸展以后才能进行弹性伸展，关节柔韧性好的人或习惯于进行伸展练习的人才能进行弹性伸展。

第十，如果想感觉到关节柔韧性有所提高，至少每周做 3 次伸展练习。每周 5 ~ 6 次练习则能产生明显的变化。

在你的一生中应当不间断地进行柔韧性练习，这不仅能保持肌肉的放松和柔韧、加大关节活动幅度、提高灵活性、增强运动能力，还能防止关节僵硬、消除受伤后的疼痛、减少运动后肌肉酸痛的可能性，让人拥有一种积极、健康、有质量的生活。要保持关节柔韧性，需要不间断地进行有规律的伸展练习。同其他的体能锻炼一样，科学、合理地制订出短期和长期的柔韧性锻炼计划，对提高关节柔韧性十分重要。值得注意的是，柔韧性练习是体能锻炼中最易被忽视，但又是最简单易行、最易见效的。这种锻炼不需要任何特殊器材辅助，可以在任何时间任何地方进行。因此，合理地制订出每周 3 ~ 5 次的柔韧性锻炼计划，按所制订的练习时间表锻炼，并记录下每次的练习情况及进步，你就能养成坚持锻炼的习惯，并终身受益。

## 第四节　速度与速度耐力及其锻炼的方法

### 一、影响速度的生理因素

速度可分为反应速度、动作速度和通过一段距离的位移速度（即短跑速度）。影响速度的主要生理因素是神经系统的反应能力、肌肉组织的兴奋和肌纤维类型。

### （一）神经系统的反应能力

主要是指感觉神经的敏感程度和大脑皮层对刺激做出快速反应的能力。其中，大脑皮层对刺激的反应能力是影响速度的重要因素，大脑皮层对刺激做出反应的速度越快，表现为整体的反应速度就越快。

### （二）肌肉的兴奋性

肌肉的兴奋性高，对外界环境变化做出反应的能力就强，机体的反应速度和动作速度就快。

### （三）肌纤维类型

肌肉中快肌纤维数量多、体积大，体育锻炼时的速度就快，同时，肌肉的力量增加也会对运动速度产生积极的影响。

## 二、影响速度耐力的生理因素

速度耐力是指机体长时间快速运动的能力，也称为无氧耐力。速度耐力在田径、篮球、足球等体育锻炼项目中具有重要作用。影响速度耐力的主要生理因素主要有以下几种：

### （一）糖的无氧代谢能力

在速度耐力性体育锻炼中，主要靠糖的无氧代谢提供能力，因此，机体糖无氧代谢能力越强，速度耐力也就越好。

### （二）缓冲乳酸的能力

乳酸是糖代谢的中间产物，乳酸在体内的增加会使肌肉和血液酸碱度下降，造成机体疲劳，因此，如果能及时缓冲产生的乳酸，可帮助肌肉快速工作时间延长。

### （三）耐受酸的能力

在速度耐力性运动中，往往是乳酸的生产大于乳酸的缓冲和排除，因此，体育锻炼时乳酸会在体内逐渐堆积，造成血液的酸度增加，脑细胞对血液酸碱度的变化非常敏感，血液酸度增加会使大脑皮层工作能力下降，造成身体疲劳。通过速度耐力锻炼的脑细胞耐受乳酸的能力明显增加。

## 三、提高速度和速度耐力的方法

### （一）提高速度的方法

由于人体的运动速度可分为反应速度、动作速度和位移速度，所以，练习者应根据体育锻炼的具体要求选择练习方法。

1. 反应速度的练习

主要是提高神经系统的灵活性和对刺激信号快速做出反应的能力。在练习时可采用不同的刺激信号，如声音、光等，使机体接受刺激并迅速做出反应，也可结合具体的体育锻炼项目有针对性地提高专项反应速度。

2. 动作速度的练习

对体育锻炼者来说，动作速度多表现在一些成套规定的练习动作，如武术、健美操、扭秧歌。这些练习要求一定的节奏，如果动作速度不够，就会影响锻炼效果，而提高成套动作的运动速度主要是通过熟悉单个动作完成的。因此，发展成套动作速度的关键是提高每个动作的熟练程度和各个动作之间的相互连接。

3. 位移速度的练习

影响位移速度的主要因素是步频和步幅，快速小步跑、30m 短距离冲刺跑等可提高肌肉的收缩速度。提高步频，而提高步幅的主要手段是提高腿部肌肉力量和柔韧性。

### （二）提高速度耐力的方法

速度耐力练习主要是无氧运动练习，其目的是提高机体的糖无氧代谢能力、缓冲乳酸的能力和耐受乳酸的能力。发展无氧耐力的运动强度较大，体育锻炼时应使心率保持在每分钟 160 次以上，具体运动形式包括 300 ~ 500 米等不同距离的全速跑、间歇跑等，有条件的可测定体育锻炼后的血乳酸值。一般来讲，体育锻炼后即刻血乳酸值越高，提高速度耐力的效果越好。

# 参考文献


[1] 郝萍，刘艳，李永杰 . 体育教学理论与实践 [M]. 长春：吉林文史出版社， 2023.

[2] 杨颂 . 现代大学体育理论与健康教程 [M]. 黑龙江大学出版社，2023.

[3] 王纯新 . 体育教学理论与实践研究 [M]. 郑州：郑州大学出版社，2023.08.

[4] 彭晓倩，郭大勇，黄志国 . 高职体育理论与实践教程 [M]. 北京：航空工业出版社， 2023.

[5] 董青，王洋 . 大学体育理论与实践教程 [M]. 北京：对外经济贸易大学出版社， 2023.

[6] 王合霞 . 传统体育理论与实践 [M]. 北京：中国石化出版社，2023.

[7] 柳伟 . 体育产业理论与实践探索 [M]. 北京：中华工商联合出版社，2023.

[8] 邹巍 . 休闲体育理论透析及其产业化发展与运作研究 [M]. 长春：吉林出版集团股份有限公司， 2023.

[9] 张萍，朱洋志，张磊 . 学校体育教学理论与实践训练研究 [M]. 延吉：延边大学出版社， 2023.

[10] 陈兴雷，高凤霞 . 高校体育教育与管理理论探索 [M]. 天津：天津科学技术出版社， 2022.

[11] 雷东涛 . 高校体育文化理论与实践研究 [M]. 长春：吉林出版集团股份有限公司， 2022.

[12] 谭军，郑澜 . 体育学创新理论研究与实践 [M]. 长春：吉林出版集团股份有限公司， 2022.

[13] 郭生鼎，黎正成 . 体育教学理论与训练实践探索 [M]. 哈尔滨：北方文艺出版社， 2022.

[14] 曹林铎，张济琛 . 高校体育理论课“金课”建设研究 [J]. 文体用品与科技，2022（2）：86-88.

[15] 宋宝婵 . 微视频大学体育理论教学实验 [J]. 新体育·运动与科技，202（9）：57-59.

[16] 黄劼偲 . 运动训练与竞技体育理论探讨 [J]. 体育风尚，2021（2）：74-75.

[17] 范立，梁艳江 . 休闲体育理论下高校篮球教学训练方法分析 [J]. 当代体育科技，2023（21）：56-59.

[18] 张瑜，邢海洋 . 体育理论线上教学多维回归与演进路径 [J]. 运动精品，2023（1）：54-56.

[19] 张夏青 . 高校智慧课堂体育理论课程实施路径研究 [J]. 体育风尚，2022（22）：86-88.

[20] 郝莹，郭芮 . 建构主义视角下体育理论教学策略研究 [J]. 西北成人教育学院学报，2022（2）：74-80.

[21] 张彩 . 互动教学在大学体育理论教学中的运用 [J]. 今天，2022（20）：67-68.

[22] 陈辉映 . 身体素养视域下我国终身体育理论构建研究 [J]. 沈阳体育学院学报，2023（5）：33-40.

[23] 孔令晴，伊超 . 我国智慧体育的理论概述及实践应用研究 [J]. 当代体育科技，2021（33）：8-12.

[24] 曹鑫 . 浅谈体育理论对中职体育教学的重要性 [J]. 新教育时代电子杂志（学生版），2021（35）：16-17.

[25] 左雪楠 . 高校体育理论课教学现状与存在的问题研究 [J]. 黑龙江科学，2021（7）：134-135.

[26] 唐亮，王合霞，尹璐 . 普通高校体育理论课程的现状调查与对策研究 [J]. 高教学刊，2021（5）：68-71.

[27] 赵强军 . 网络条件下普通高校体育理论教学特色分析 [J]. 当代体育科技，2021（1）：91-92，95.

[28] 刘鑫 . 体育院校体育理论教师教学风格的调查与分析 [J]. 新教育时代电子杂志（教师版），2020（18）：215.

[29] 高慧妮，梁赞斌 . 新形势下关于大学体育理论课程的思考 [J]. 当代体育科技，2020（17）：113-114，116.

[30] 王莉萍 . 浅谈多媒体技术在体育理论教学中的运用 [J]. 中国校外教育，

2020（7）：120-121.

[31] 张济琛 . “互联网＋”时代民族院校体育理论课教学探析 [J]. 西藏发展论坛，2020（2）：57-60.